eビジネス新書 東洋経済

氾濫するPR

台頭する新興勢力

週刊東洋経済 eビジネス新書　No.446

氾濫するPR

本書は、東洋経済新報社刊『週刊東洋経済』２０２２年１１月１９日号より抜粋、加筆修正のうえ制作しています。情報は底本編集当時のものです。（標準読了時間　１２０分）

氾濫するＰＲ　目次

・ＰＲ漬け社会がやってきた……1
・INTERVIEW　経営者にこそＰＲ発想が必須だ……12
　・「サービス開発とＰＲは成長を支える2つの車輪」（小泉文明）……12
　・「〝愛される会社〟が最大の防御」（島田和幸）……16
・大膨張「ＰＲ会社」の儲け方……20
・INTERVIEW「スピード重視のツール屋として広告市場に攻め入る」（西江肇司）……28
・6つの視点で読み解く　本当に頼れるＰＲ会社……33
・ニーズ高まる「危機管理広報」の難題……44
・成果を出すプレスリリースはここが違う……48
・INTERVIEW「〝正直さ〟の時代　ウソのＰＲはすぐにバレる」（山口拓己）……54
・自社の「秘話」をフル活用　新定番ｎｏｔｅの必勝法……58

・INTERVIEW「企業だってクリエーター　成長へメディア化は必須」（加藤貞顕）……66
【広報覆面座談会】ＰＲの世界が激変　１０年前と様変わり！……70
・報道人材がＰＲ領域に続々転職……79
・メディア「不信・不振」を如実に表す４つの論点……84
・INTERVIEW　新興ネットメディアが直面した現実……97
・「プラットフォームとの交渉に向け連携を」（浜田敬子）……97
・「〝政権交代可能な野党〟では、元々なかった」（石戸　諭）……100
・〝新聞消滅列島〟の行方……103

情報流通の裏側

ＰＲ漬け社会がやってきた

「1年の節目を〝(ハッシュタグ)ハワイ〟で過ごしませんか？」「ただいまライブ実施中です。ＴｉｋＴｏｋではプッシュバック車（牽引車両）からみえる景色もお届け」。これらはツイッターで116万のフォロワーを抱える、ある航空会社の公式アカウントの投稿だ。ＳＮＳの利用者ならば、こういった企業アカウントを1つでもフォローしている人が多いのではないか。

スマートフォンが行き渡り、消費者がＳＮＳや動画サイトなどの新しいメディア環境をすっかり受け入れた現代社会。その裏側で冒頭の例のように、企業が消費者にさまざまな手法・目的でアプローチする「ＰＲ（パブリック・リレーションズ）漬け」の世界がにわかに到来している。

これまでは企業が消費者とつながる手段は、主にマスメディアを介した2つのルートに限られてきた。新聞やニュース番組からの取材でメディアに露出する「パブリシティー」と、メディアに手数料を支払って打ち出す「広告」だ。

日本では地上波テレビとCMビジネス、そしてそれをなりわいとする大手広告代理店が発展したことで、パブリシティーは長年、さほど注目される手法ではなかった。

しかし、報道機関のうち、日常的にPRから情報を得ている、または影響を受けているコンテンツの割合は最大で75％に上るとする調査もある。うまくいけば、手数料のかからないプレスリリース1本でメディア露出を狙えるかもしれない——。

ここに商機を見いだし、企業のパブリシティーを支援するエージェント「PR会社」が1960年ごろから続々登場。企業が高い広告費を許容できなくなった不況時などを経て、じわじわと注目度を高めていった。

担当者はプレスリリースの束を携えて各メディアへ足を運び、記事掲載のチャンスをうかがってきた。「最近では顧客企業に関係する政策課題についてのロビー活動も手がける」（PR会社関係者）など、対メディア以外でも実力をつけていった。

ただ、記者がプレスリリースに関心を示したとして、その取り上げ方や掲載時期をPR会社がコントロールすることはできない。自分たちの伝えたい姿でメディアに露出したいなら広告を使うしかない。企業はいわば、消費者との間に流れる「マスメディア川」を渡るために、〝お金はかからないが危ない橋〟か〝安全だが通行料の高い橋〟の2択を迫られてきた。

進む企業の「メディア化」

その状況が、デジタル社会の到来で一変する。プラットフォームで無料のニュースを読める時代に、マスメディアの優位性は低下。その広告価値にもひびが入った。

一方、企業はSNSや動画サイトにアカウントを開設し、発信したいコンテンツを投下すれば、一般のコンテンツと横並びで消費者に届けられるようになった。むろん、高額な広告費もかからない。トヨタ自動車の「トヨタイムズ」に代表される企業のオウンドメディアもすっかり定着。こうして企業は、マスメディア川の上空を飛び越える〝空路〟を得た。

かつてはメディアに向けたものだったプレスリリースも、ＳＮＳを介し、１つのコンテンツとして直接消費者に届くようになった。国内最大のプレスリリース配信サービス「ＰＲ ＴＩＭＥＳ」も急成長している。

ＳＤＧｓや社会問題などに関し、社会から企業への要請が増えてきたこともＰＲの重要性を押し上げた。社会が求めてきた責任に対し、そのアンサーとして環境配慮型製品や社内の男女平等施策について発信するなど、双方向型のコミュニケーションで自分たちを認めてもらう必要性が出てきたのだ。

目的や手法が多様化したことで、企業広報からは「ＰＲの手段を選ぶのがすごく難しくなった」と戸惑いの声が上がっている。

このチャンスを逃すまいと、ＰＲ会社もまた矢継ぎ早に業務領域を広げていった。

コロナ禍の影響を受けてもなお、ＰＲ業の市場は２０２０年に１１１１億円に達する。イベントやデジタルでのＰＲなどまで、より広義の概念で捉えれば、１４年ですでに４３５１億円に達している。ＰＲ先進国の米国では２１年に８２３６億円に上っており、日本にもまだ伸びしろはありそうだ。

ニュースとPRは切っても切れない関係

報道機関のコンテンツにおけるPRの影響度

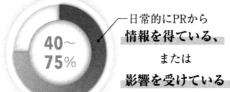

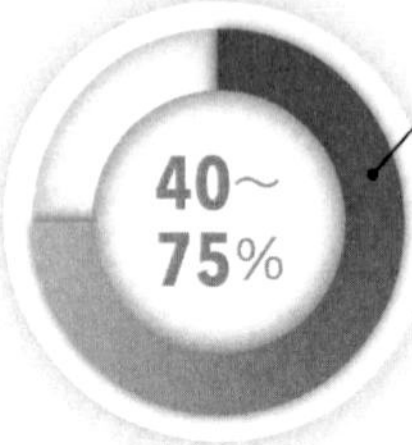

日常的にPRから
情報を得ている、
または
影響を受けている

（出所）「Journalism-PR relations revisited」（Jim Macnamara、2014年）を基に東洋経済作成

PR市場のポテンシャルを示す3つの数字

- 日本における広義のPR市場 ▶ **4351億円**
- 米国のPR市場 ▶ **8236億円**
- 日本の広告市場 ▶ **6兆7998億円**

（注）日本における広義のPR市場は2014年、ほかは21年。米国のPR市場は21年12月31日終値ベースでドル円換算　（出所）日本パブリックリレーションズ協会「PR業実態調査報告書」、PRWeek「Agency Business Report 2022」、電通「2021年 日本の広告費」を基に東洋経済作成

PR市場で暴れる異端児

そんな中、「PR会社の潜在市場はもう1桁上」と言わんばかりに業界で暴れ回るのが、最大手の「ベクトル」だ。PR会社としてのカバー領域を拡張するだけでなく、6兆円の広告業界のディスラプター（破壊者）になるとぶち上げている。

例えば最近、タクシーでよく見かけるようになったサイネージ広告「GROWTH」も、ベクトルが仕掛けたものだ。あるベクトル関係者は「パブリシティーではメディアに頭を下げているが、広告ではそのメディアと需要を奪い合っているのが実情」と語る。

また、あるPR会社の幹部は「以前は電通・博報堂（電・博）の案件におけるパブリシティーの枠を、PR会社同士で競わされていた。が、いつの間にか電・博やデジタルマーケ企業と横並びになるコンペが増えてきて、今ではわれわれが競わせる側に立つケースも出てきた」と明かす。

広告会社も手をこまねいているわけではない。電通グループでは2022年、傘下の電通PRコンサルティングが創業後初めてグループの本社ビルに移転。博報堂DYホールディングスも子会社でPR発想のプロデューサー組織を発足させるなど、広告・PR両事業者に境界線はもはやないといえる。

「PRの世界はすごい勢いで進化しているのに……。メディアの関係者は恥ずかしいと思ったほうがいい」。PR領域に転職した、元テレビ局記者はそうぼやく。

メディアとPRの力関係の変化は、人員数の推移にも表れている。日本国内では12年から20年にかけて、PR人材の数が3643人から6834人へと倍近くまで増加。一方、新聞・通信社の記者数は2万0121人から1万7685人に減少した。「つい最近も全国ネットの報道機関から複数人が移籍してきたばかりだ」（PR会社首脳）。

ただ、PR会社が広告やマーケも含めた広義の潜在市場において勝ち切れるかは未知数だ。

ライバルとなりつつある電・博とPR各社の年収差は大きい。ベクトルは電通に約

500万円の差をつけられており、ほかの上場3社に至ってはダブルスコアだ。前出のPR会社の幹部は「PRは〝広告の安い版〟というニーズで支持を広げてきただけに単価を上げにくい」と背景を明かす。専売特許といえる商品やサービスを持たないPR会社にとっては「人材がすべて」（複数のPR会社幹部）。このままの待遇で成長性があるかは疑問だ。

じりじりと減る記者、急増するPRパーソン

新聞・通信社の記者数とPR会社の従業員数の推移

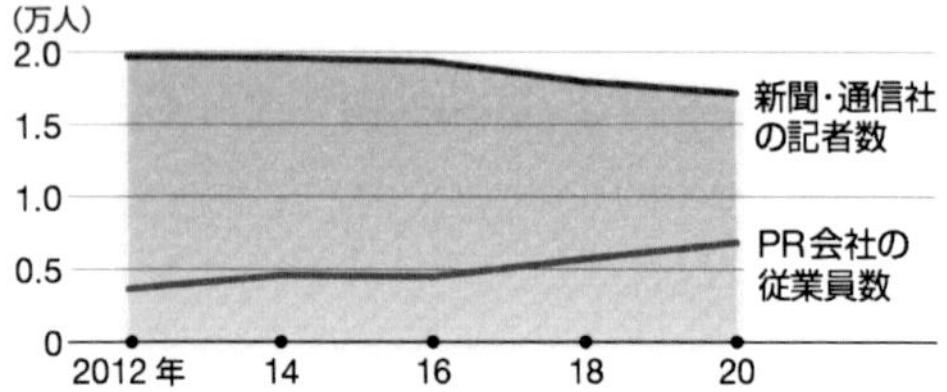

(出所)日本パブリックリレーションズ協会「PR業実態調査報告書」、日本新聞協会のデータを基に東洋経済作成

電博と年収で数百万円の差

大手広告会社とPR会社の平均年間給与・年齢

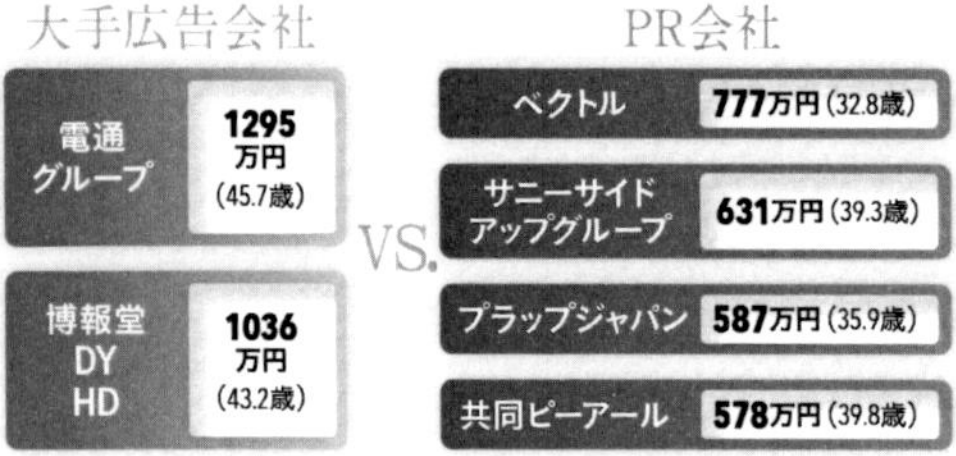

(注)各社とも最新年度末における提出会社の数値。HDはホールディングスの略　(出所)各社の有価証券報告書を基に東洋経済作成

次章からは、広告と市場が融合し出したPRの情勢や企業の最新PR事情、そしてPRの興隆とは対照的に人も金も集まらないメディアの現在地をリポートする。

（森田宗一郎）

「サービス開発とＰＲは成長を支える〝2つの車輪〟」

メルカリ　会長・小泉文明

フリマアプリという、世になかったサービスを普及・定着させてきたメルカリ。その過程で、ＰＲは最重視した戦略の１つだったと小泉文明会長は明かす。

――サービス開始間もない頃から広報とＰＲに熱心でした。

むしろ「なぜ熱心にやらないの？」という感じだ。ベンチャーを自動車の車体に例えると、左の車輪が商品やサービスだとしたら、右の車輪がＰＲやマーケティング。両方がなければ、資金調達でガソリンを注いでも車は前に進まない。いいサービスは世に知られて、使われて初めて意味を成す。

ベンチャーにおけるPRの目的は2つ。顧客を増やすことと、採用を増やすことだ。どちらにおいても、モノやサービス、情報があふれすぎている中では「共感してもらえるストーリー」を届け、ファンをつくれるかがカギになる。

――どんな手段が有効ですか。

1つはメディアリレーションの強化だ。ただ、メディア側の関心や掲載時期、取り上げ方はこちらでコントロールできない。そこでもう1つ重要になるのがオウンドコンテンツ。自分たちなりの言葉で、出したいタイミングで発信できれば、メディア掲載の補完的な役割を果たせる。

ただ、これはけっこう難易度が高い。会社のミッション、ビジョンなどがベースになければ表面的なコンテンツになってしまうし、かといってそれが前面に出すぎても受け手にはうっとうしい。経営者とPR担当者がキャッチボールをしながら、自社の最適解を探っていくことが重要だろう。

―― 採用関連のPRではどんな工夫をしていますか。

ＰＲを通じて社会から得たフィードバックをオウンドメディアの記事に生かしている。社内の優秀なエンジニアについて紹介する記事を連発していると、ＳＮＳではだんだん、気後れするような反応が目立つようになる。これだと心理的ハードルが上がって応募数が減ってしまうので、今度は若手を取り上げたり、失敗事例の記事を出したりする。ネットの声を聞いて、かなり細かく調整している。

「反省」も世間に伝える

―― 「現金出品」問題など、危機管理広報が必要な場面にも数多く遭遇してきたと思います。

サービスや採用のＰＲを攻め、トラブル対応的なＰＲを守りと表現する人は多いが、僕自身はあまりそういう認識がない。

多くの人に使ってもらうためには、安心安全であることやガバナンスが利いていることは大前提だ。何かトラブルを起こして、反省も改善もしたなら、そのことを世間に伝えるところまでセットで行っていきたい。都合のいいことだけ声高に発信して、批判を受けたことについてはダンマリ……なんて会社は信用されない。

ＰＲは会社と社会との接点だと思っている。消費者やメディアからの意見・批判を開発側にフィードバックして適正化を図る手助けをするのも重要な役割だ。

批判されているというのは、実は非常にありがたい状態。いちばん怖いのは無関心だ。いい面にも悪い面にも関心を持たれ続ける会社でないと、どの業界の会社も生き残れない。

（聞き手・長瀧菜摘）

小泉文明（こいずみ・ふみあき）

１９８０年生まれ。大和証券ＳＭＢＣを経て、２００６年からミクシィでコーポレート部門全体を統轄。退任後に複数ベンチャーを支援し、１３年にメルカリ参画。１９年から現職。

「〝愛される会社〟が最大の防御」

ファンケル　社長・島田和幸

化粧品メーカー・ファンケルの島田和幸社長は、ダイエーであの中内功氏の秘書を務めていた。同氏から無意識に刷り込まれたPRの哲学を聞いた。

――1993年から8年間、中内氏の秘書をされていました。

私が秘書をやっていた間はダイエーの業績が右肩下がりで、広報もどちらかといえば守りのスタンスだった。ただ、業績がよかった頃から「最も世の中に開かれた部署であれ」という考えの下、広報をオフィスの1階にある受付のすぐ後ろに置いていた。

――受付の後ろですか。

マスコミの人にどんどん来てもらおう、と。当時は小売りのトップ企業だったから、企業としての思想も含めて業界をリードするんだ、という自負があったのだろう。

――ファンケルで経営者となり、広報・PRの重要性について、中内氏からの影響は感じますか。

広報を大事に思うことに、何の疑問もない。ごく普通のことという感覚だ。（中内氏に）刷り込まれたのかもしれない。

過去のダイエーのような時流の最先端を切り開く大企業と違い、ファンケルは業界をリードする会社ではない。そんな会社を守り、成長させるうえで、世の中と丁寧にコミュニケーションを取ることは非常に重要だ。

広告よりも地域との対話

――中内氏が重視したマスコミとの関係構築から、PRの定義は大きく広がりつつあります。

何かあったときの危機対応など、いざというときにマスコミとの関係がないと困るが、広報部長が特定のマスコミと毎晩飲み歩いて「仕事してます」みたいなスタイルは、ちょっと昭和のにおいがする。

――古い、と?

古い、古い。もっと広く世の中に広報・PRをするべきだ。

2030年に向けたファンケルの経営ビジョンでは、「世界中で愛される会社に」と掲げている。うちは格好よくもなければ、憧れの存在でもない、独特なブランド。ちょっと、どんくさいんだけど、すごくまじめで人柄もいい、そんなイメージの会社だ。

それをベースに、消費者に地域社会、マスコミ、株主までしっかりと対話することで、愛される会社になりたい。愛される会社にさえなっていれば、何かあったときも(ステークホルダーに)助けてもらえるから。それが最大の防御になる。そのためにも、広報担当など限られた部門だけでなく、役員・従業員の全員が広報・PR感覚を持っていなければならない。

――その感覚を、具体的にどう経営に落とし込んでいますか。

例えば、世の中がＳＤＧｓへの関心を高めていることを受けて、約2年前から地元の学生に向けたＳＤＧｓ講座を始めた。

同じＳＤＧｓでも新聞にバーンと一面広告を出すなど、費用をかける選択肢もあるだろう。でも、それより自分たちが出向いて、小学生と直接会話し、高校生とＳＤＧｓをコンセプトにした商品デザインを共創するといったことのほうが、僕は実があると思う。

皆、ついお金を使って広告などの形をつくりたがる。自己満足は言いすぎかもしれないが、そうやって露出を高めるだけでは駄目だ。

（聞き手・森田宗一郎）

島田和幸（しまだ・かずゆき）

1955年生まれ。新卒でダイエーに入社。創業者・中内㓛氏の秘書などを歴任。マルエツを経て2003年、ファンケルに入社。取締役、専務などを経て、17年から現職。

大膨張「PR会社」の儲け方

メディアリレーション（報道機関との関係づくり）という限られた領域の担い手から、リアルとデジタル、両軸の企画・開発・運用を手がける存在へ――。じわじわと役割を拡大するPRの業界には、国内外、新旧のプレーヤーがひしめいている。

PR会社の収入源は、広報・PR関連施策をサポートする企業からの手数料。サブスクリプション（月額課金）型の「リテナー契約」と、プロジェクトごとの単発で案件を受注する「スポット契約」だ。リテナー契約を結ぶ企業において大規模なイベントを実施する際に、追加的にスポット契約を結んで専門人材を動員するなど、複合的な課金体系になる場合もある。

国内の主要どころには、独立系、大手広告代理店系などの会社がある。

独立系や電博系列が乱立、世界の上位は軒並み米国企業
PR業界の主要企業

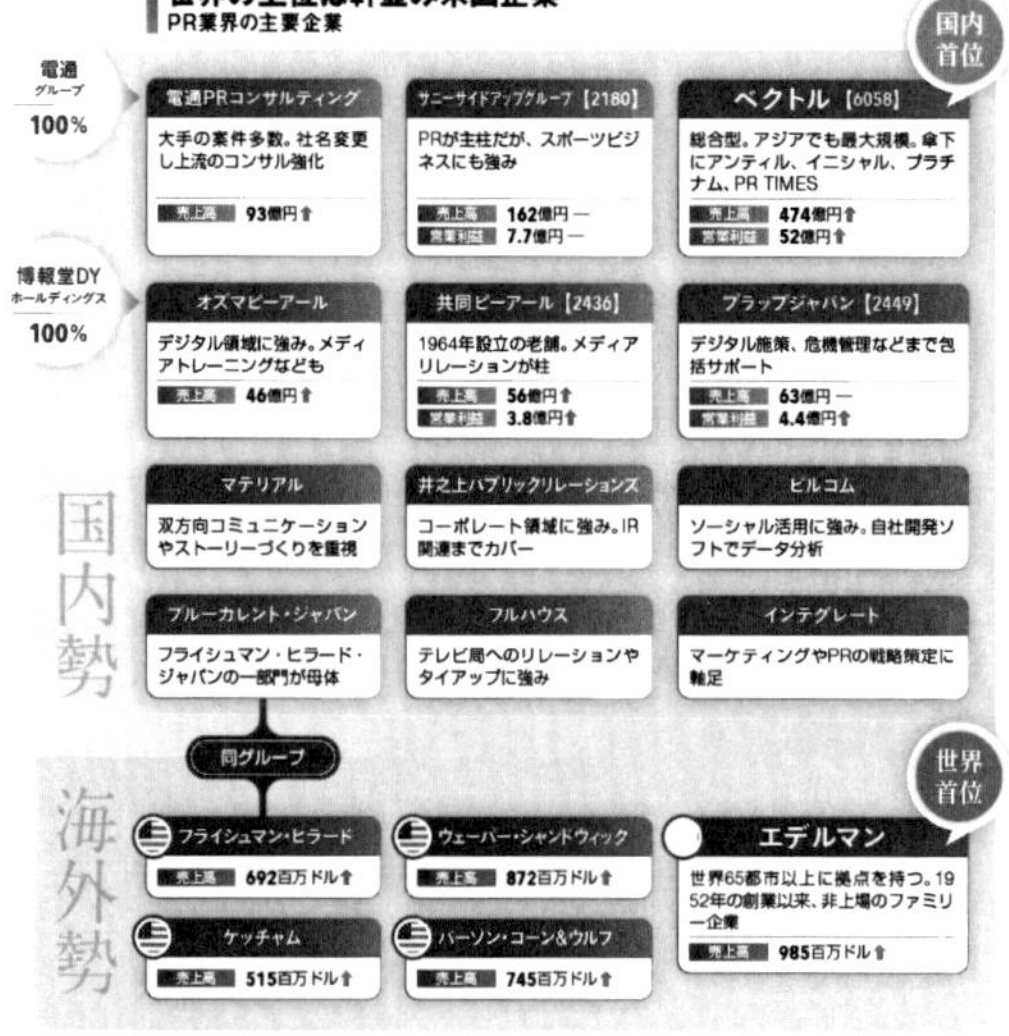

(注)売上高、営業利益は各社とも直近の通期決算ベース。
「—」は会計基準の変更で前期と比較できないケース
(出所)国内勢:各社の資料や取材を基に東洋経済作成。海外勢:PRWeek

電通グループ傘下の電通ＰＲコンサルティング、博報堂ＤＹホールディングス傘下のオズマピーアールは、独自の案件獲得に加え、親会社側で受注した広告・キャンペーン施策のＰＲ分野に関与することも多い。

ただ、電・博が必ず自社系列のＰＲ会社を使うかといえばそうでもなく、案件によってはより専門性のある独立系ＰＲ会社を選ぶ場合もある。最近はＰＲ会社の側が音頭を取るキャンペーン施策などに、電・博が一要員としてアサインされることも増えてきたという。

国内で株式上場しているベクトル、サニーサイドアップグループ、プラップジャパン、共同ピーアールは、おおむね好調な業績を上げている。２０２０年はイベント、キャンペーンの受注などにコロナ禍の影響を大きく受けたが、現在はすっかり回復軌道に乗る。企業広報のＤＸ（デジタル化）ニーズなども取り込み、成長が続きそうだ。

世界のＰＲ会社に目を転じると、上位は軒並み米国勢。首位のエデルマンは世界６５都市以上に拠点を持ち、従業員数は約６０００人。日本でもビジネスを行っている。

メディアリレーションの領域から徐々に拡大してきた日本勢に対し、米国勢の手がけるＰＲの範囲はもとより広い。パブリックアフェアーズ（企業が政府や世論に対して行う、社会機運の醸成やルール形成のための働きかけ）などがよい例で、こういったコンサルティング要素を含む〝上流〟のコミュニケーション案件は、近年、日本のPR会社も積極的に開拓するようになってきた。

異色の最大手「ベクトル」

「ベクトルはPR会社というより、もはや営業会社だ」。複数の業界関係者がそう口をそろえる。1993年創業と国内では後発ながら、PR会社の売上高首位に上り詰めたベクトルは、ほかの大手と比べても事業の多角化が著しい。

「マーケティング視点のPRをやりたいという思いで創業された会社なので、従来型のPR会社と比べかなり異質だ。競合はどこか？　というのも、あまり考えたことがない」。創業間もない頃にアルバイトとして入社し、現在は子会社社長も務める吉柳さおり・ベクトル副社長はそう話す。

直近22年2月期の売上高を見ると、PR・広告事業とそれ以外の事業とがほぼ半分ずつという構成だ。

継続と単発、2パターンの収益源
PR会社との主な契約形態

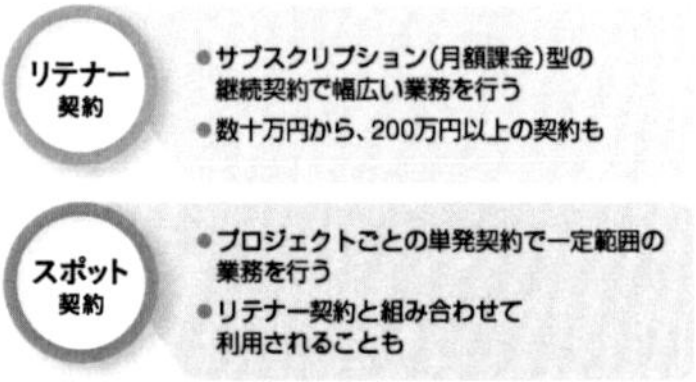

多角化で規模を拡大してきた
ベクトルの業績推移・事業構成

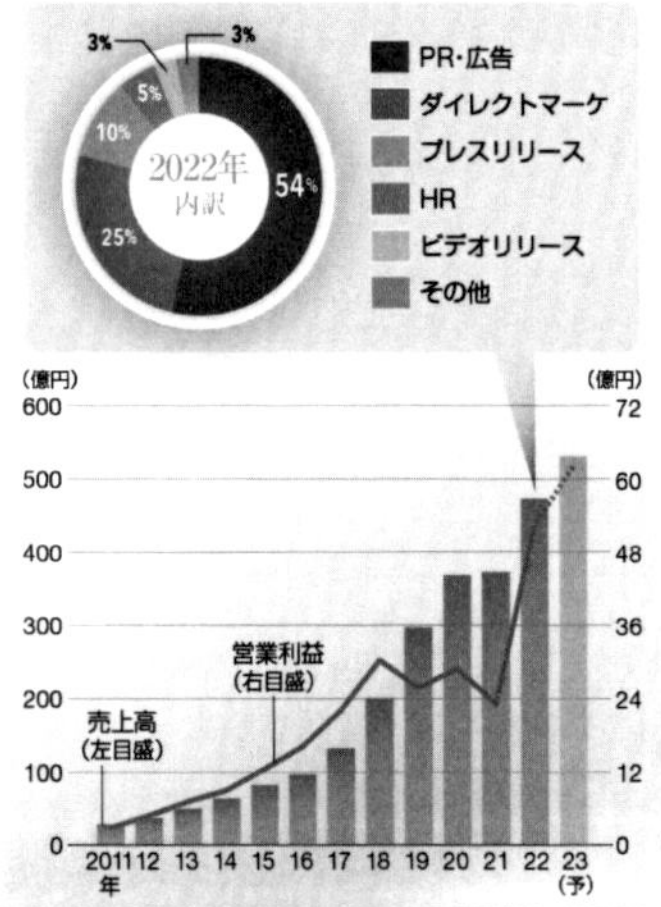

(注)各年2月期。2023年は「会社四季報」予想。事業構成は22年2月期の売上高ベース　(出所)会社資料を基に東洋経済作成

子会社でプレスリリース配信プラットフォームのＰＲ　ＴＩＭＥＳや、Ｄ２Ｃ（ダイレクトトゥコンシューマー）ブランドの企画、オウンドメディア向けのＣＭＳ（コンテンツマネジメントシステム）などが着々と成長している。

ベンチャー投資にも積極的で、本体で培ったＰＲノウハウを投資先に注入、成長を後押しする戦略を採る。今期（２２年３月以降）の投資先の新規上場は９月末までに３社実現している。

ＰＲパーソンは10種競技

主柱であるＰＲ・広告事業も、中身を見るとやはり異色だ。メディアリレーションはもちろん、ＳＮＳマーケティングやインフルエンサーキャスティングなど、あらゆる手法を内部で抱えている。あるベクトル社員は、好調の背景について「継続案件の積み上げが増えてきたことに尽きる。ＰＲのツールが多様化する中で、企業もプロに任せないと難しい時代。すべてのソリューションを取りそろえていたベクトルと、需要がマッチしたということ」と胸を張る。

別のベクトル社員からは、こんな声も聞かれた。「クリエーティブのスキルなど、専門領域で比較されたら広告代理店の人材にかなわない。でも、彼らが100メートル短距離選手だとしたら、PRパーソンは10種競技選手。総合力で勝負できればと」。

そして近年、明確に力を入れているのが動画だ。かつてはテレビが消費者認知の起爆剤だった動画の世界も、やはりスマホの登場で一変。ベクトルはこの変化をにらみ、SNS周りの動画施策を強化するほか、番組コンテンツやプロモーションビデオなど動画の企画制作、さらにタクシーや美容室、喫煙所などに自前で設置したデジタルサイネージで流すなど、あらゆるPR手法を用意する。

直近の人材戦略にも、動画重視の方向性が表れている。創業時からベクトルを率いてきた西江肇司社長は「昔求めていたのは『文字を書ける人』だったが、今必要としているのは『自分で動画を撮影・編集できる人』だ。自分で全部できたほうが早いし、儲かる」と語る。

世界の市場に目を向ける西江氏。アジア首位のPR会社となってもなお、成長へ野心を燃やす。「米国の考え方は最先端だが、日本とさほど差はないと思っている。どこかでM&A（合併・買収）によって進出したい。トレンドの変化が早い中国は現地企業が強いので、アジアで狙っているのはASEANだ」（西江氏）。

ただ、より幅広さを増すPRビジネスには、広告代理店やウェブマーケ企業はもちろん、コンサルティングファームも目をつける。

ある消費財メーカーの関係者は「先日、これまでは電通しか提案してこなかった広告・マーケティングや商品企画の上流に、大手コンサルファームが話を持ってきた」と明かす。

広告大手に世界的なコンサルファームも加わり、異業種競争は激しくなるばかり。戦略企画など、より上流を手がけられる組織の構築がカギを握りそうだ。

（長瀧菜摘、森田宗一郎）

「スピード重視のツール屋として広告市場に攻め入る」

ベクトル　会長兼社長・西江肇司

ＰＲ事業の支援範囲をＳＮＳ運用や動画制作、インフルエンサー活用などまで広げ、タクシー広告など自社サービスも拡充するベクトル。創業社長の西江肇司氏を直撃すると、現代のマーケティングに対するアンチテーゼが見えてきた。

――事業領域を広げてきました。

海外のＰＲ会社では普通のことだ。この領域で最も勢いがあるのは中国だと思うが、現地の同業は儲かるなら動画でも何でも、フットワーク軽く進出する。当社が（２０１７年に）買収したハワイのＰＲ会社もデジタルマーケからアドテク（広告技術）

くない。までもすべて手がけている。日本のＰＲ会社はＰＲ業に専念しがちだが、それだと面白くない。

――とくに動画関連のサービスを増強しています。

単純な広告に消費者が反応しない時代になり、きれいに作り込んだＣＭなどでなく、ＳＮＳや動画サイトで自然に見てもらえるコンテンツとして流すようになってきた。一方でＴｉｋＴｏｋを見るとよくわかるが、とくに短尺動画になると（純粋なユーザー投稿コンテンツなのかスポンサードコンテンツなのかを）受け手があまり意識せずに見ているのが現状だ。

ＰＲ会社の仕事の本質は、「企業が広めたい情報」と「消費者が受け取りたい情報」の間を取り持つこと。コンテンツ作りまで企業ニーズが広がっているなら、当然われわれの守備範囲になる。

従来業務のメディアリレーションがしぼみつつあることも大きい。僕らはマスメディアに（顧客情報を）届ける仕事を長くやってきたが、彼らの影響力が弱まり、「取り上げられても誰も見ていないのでは？　顧客が望む効果を出せているか？」という危機感があった。

分析するより手数を打つ

――大手広告会社とビジネスが近づいてきたように感じます。

依頼先の候補となる会社がいろいろある中で、電通や博報堂をフランス料理とするなら、僕らはマクドナルドになろうと思った。

大手広告代理店は、例えば5億円の広告予算をどう使うかコンサルティングする、といったことを得意としている。僕らは逆に、あまりお金をかけず、スピーディーにものを広められる「ツール屋さん」のような方向を目指している。また、TikTokの縦型動画のような〝今っぽい〟領域は大手広告会社も得意ではないので、ここも取りに行く。

――決算資料でも「ローコスト」「ミドルクオリティー」「スピーディー」と方針を掲げています。

とくに重視しているのはシンプルさだ。今、「ものを広めたい」という要望に対する解が、すごく複雑になっている。例えば、大手広告代理店が用いるプレゼン資料は200ページ超みたいな状況だ。大量のデータや資料を見ながら長々と話を聞いても、結局どんな施策を打てばいいのかよくわからなかったりする。

みんな延々と分析して、分析して、分析して、分析している。でも、ものを広めるための仕事のメインはそこではない。どんな手を打つかが重要で、僕らはそこを次々考えて、実際にやる。そこへのニーズを取り、広告業界のディスラプター（破壊者）となりたい。

――2026年に100億円という営業利益目標を掲げています。

その達成はもちろん、「ものを広める会社」の中でナンバーワンになりたい。広告市場は6兆円だ。（売上高を）今の10倍に引き上げることも、それほど難しくはないと思う。

（聞き手・森田宗一郎）

西江肇司（にしえ・けいじ）

1968年生まれ。大学在学中に起業し、93年にベクトルを設立。2000年にPR事業中心の現体制に本格移行。12年に東証マザーズ上場、その後1部（現プライム）に指定替え。

約200社の実務経験者が本音で評価

6つの視点で読み解く　本当に頼れるPR会社

PR会社に仕事を依頼してみたいが、どこにお願いすればいいのかわからない。すでにPR会社と取引をしているが、最適な相手なのかわからない……。そんな悩みを持つ広報担当者は少なくないのではないか。

そこで今回、企業の広報担当者にPR会社についてのアンケートを実施。実際に依頼したことのある会社について、期待した成果と比べた「満足度」を聞いた。点数は最高の「5：期待以上で非常に満足」から、最低の「1：足りない点や不満があった」までの5段階。集まった約200の回答を基に平均点で総合ランキングを作成したほか、依頼内容、会社規模、業種などの切り口でも分析した。

PR会社の満足度・総合 TOP10

順位	社名	平均点	複数寄せられたコメント
1	サニーサイドアップ	3.41	受け身でなく、顧客や報道機関のニーズを踏まえた提案に積極的
2	マテリアル	3.40	当社ブランドをよく理解し、自前では出せないプランを練ってくれた
3	電通PRコンサルティング	3.00	広告連動の大型案件に強み。戦略立案から実施まで一貫で頼めた
〃	オズマピーアール	3.00	イベントやキャンペーンに独自性。危機管理など守りの面でも頼れる
〃	ウェーバー・シャンドウィック	3.00	海外向けの発信・対応に英語スキル、文化理解などの強みがある
〃	ビルコム	3.00	当社の事情や状況をくみ取り、臨機応変で丁寧な対応をしてくれた
7	プラップジャパン	2.93	他業界事例も含め知見が豊富。メディアへのアプローチも幅広い
8	エデルマン	2.75	外資顧客・メディア対応力が高い。担当者の入れ替わりが激しい
9	共同ピーアール	2.70	熟練度の高い担当者が多い。提案力や機動力にはやや欠ける
10	ベクトル	2.69	テレビなどメディア露出支援に強み。担当者ごとの力量差が大きい

(注)同率の場合、回答数の多い会社から順に記載。該当する回答数が5件に満たない場合はランキングから除外(以下同)

アンケートの概要

回答者数：153　回答総数：199

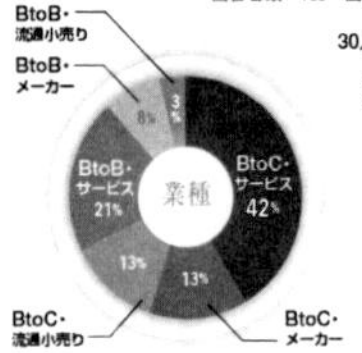

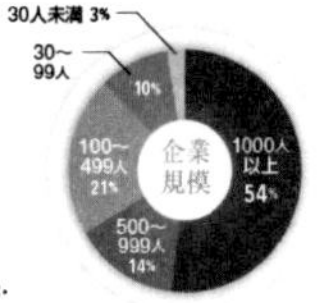

点数(満足度)
- 5：期待以上で非常に満足
- 4：期待どおりで満足
- 3：完璧ではないがおおむね満足
- 2：どちらともいえない
- 1：足りない点や不満があった

- 現職で複数のPR会社との取引経験がある場合や、前職での取引経験がある場合、おおむね5年以内の案件であれば複数回答可とした。業種、企業規模の割合は回答総数ベース
- 実施期間：2022年10月11〜26日

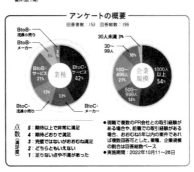

総合TOP10で首位になったのは、サニーサイドアップ。「イベント運営時も報道陣のニーズを捉えて進行や時間配分の提案をしてくれる」（飲食・小売り系企業の広報）など、受け身でない担当者の姿勢を評価する声が複数寄せられた。これは僅差で2位となったマテリアルにも見られた傾向。上位の会社ほど、要求されたことについてプラスアルファをこなす点への評価の声が多かった。

同率3位のうちの1社・ウェーバー・シャンドウィックと、8位のエデルマンは米国系企業だが、ともに海外案件への対応についてのコメントが複数あった。「海外ではメディア対応や発信における文化的な違いがある。その点、ウェーバーさんに依頼し一定の成果があると感じる」（レジャー・観光系企業の広報）。国内外の案件でPR会社を使い分けているという企業も多く、言語の問題だけではない依頼価値がありそうだ。

業界最大手のベクトルは10位にランクイン。価格の安さを評価するコメントが数多く寄せられた一方で、とくに若い担当者がついた際の力量・成果について物足りなさを指摘する声が相次いだ。

依頼内容により大きな差

次に、依頼内容別の満足度を見ていこう。PR会社との契約の形態には主にリテナー契約（月額課金の継続契約）とスポット契約（案件ベースの単発契約）があるが、今回はその形態にかかわらず、依頼時に期待した役割を選択してもらった。具体的には、「PR戦略策定、施策への落とし込みなど、コンサルティング要素を含む業務」なのか、「イベントの運営、メディアへの周知など、特定領域・作業の代行業務」なのかだ。

戦略策定・コンサル案件で満足度が最も高かったのはオズマピーアールだ。「メディアトレーニングや危機管理観点での助言を依頼。経営陣の取材対応の要諦など、社内広報から直言しにくいことも忌憚なくフィードバックしてもらえた」（アプリ開発企業の広報）。

★戦略策定・コンサル案件の満足度TOP5

1位　オズマピーアール　3・14点
2位　プラップジャパン　3・00点
3位　電通PRコンサルティング　2・72点
4位　ベクトル　2・25点
5位　共同ピーアール　2・20点

一方、イベント運営など代行案件でトップに立ったのは電通PRコンサルティング。「イベント当日、運営の細かなケアも含めて、全体的に安定感があった」（IT系企業の広報）。なお、要望する役割の範囲が狭いためか、満足度の平均点は、コンサル案件より代行案件のほうが全体的に高かった。依頼の範囲をどう設定するかも、「期待外れ」を起こさないうえで大事な要素となりそうだ。

★イベント運営など代行案件の満足度TOP5

1位　電通PRコンサルティング　3・30点
2位　マテリアル　3・25点
3位　サニーサイドアップ　3・11点
4位　ベクトル　3・00点
5位　共同ピーアール　2・86点

依頼側の企業規模別ではどうか。従業員1000人以上の大企業に支持されたのは、総合首位のサニーサイドアップとコンサル案件首位のオズマピーアールだった。

一方で500人未満の企業、とくに100人未満の中小・ベンチャー企業に関しては、今回平均点を算出するのに必要な回答数を集めたPR会社が極端に少なく、ランキングを作成できなかった。

ベンチャーに顕著なのが、大手から独立した個人事業主や新興のPR会社に依頼しているケース。「先方もメンバーが少ないので、依頼時と違う新人担当者がアサインされることもなくやりやすい」（ソフトウェア開発企業の広報）。すべての会社に当てはまるわけではないが、そんな利点がある。

★大企業の担当者の満足度TOP5

1位　サニーサイドアップ　4・00点
1位　オズマピーアール　4・00点
3位　電通PRコンサルティング　3・05点
4位　プラップジャパン　2・83点
5位　共同ピーアール　2・75点

（企業規模で「1000人以上」を選択した回答者の平均点）

今回、現職で複数のPR会社との取引経験がある場合や、前職での取引経験がある場合には、複数回答を求めている。複数回答した「玄人担当者」には各社を比較し点数に差をつけている人が多かったため、それらの回答を抽出した分析も試みた。強かったのはまたもやオズマピーアールだったが、共同ピーアール、プラップジャパンという独立系の老舗2社も上位に食い込んだ。両社とも新聞・雑誌などオールドメディアへのリーチや、記者会見の知見などを評価する声が寄せられた。

★玄人担当者の満足度TOP5

1位　オズマピーアール　3・50点
2位　共同ピーアール　3・18点
3位　プラップジャパン　3・00点
3位　サニーサイドアップ　3・00点
5位　電通PRコンサルティング　2・90点

（2件以上の回答を行った回答者の平均点）

鬼門だったのはBtoB企業の案件だ。消費者向けに比べPRの難易度が高いとみられ、作成したランキングの中では満足度の平均点が最も低かった。1位はプラップジャパン。「長年の付き合いで、当社をよく理解してくれている。業界知識も豊富で、特定のメディアへのアプローチも可能」（エンタメ関連機器メーカーの広報）と、専門性の高さが評価された。

★ＢｔｏＢ企業の担当者の満足度ＴＯＰ４

１位　プラップジャパン　２・９０点
２位　電通ＰＲコンサルティング　２・８０点
３位　ベクトル　２・６６点
４位　共同ピーアール　２・５０点

（業種で「ＢｔｏＢ」を選択した回答者の平均点）

手が空くかと思いきや

お気づきの読者も多いと思うが、今回は調査全体を通して「４：期待どおりで満足」

以上の平均点となるケースはまれで、総じて辛口の評価が目立った格好だ。具体的な要因はいくつか考えられる。

1つは、PR会社への依頼内容はそもそも効果測定が難しいということ。「社内にないスキルや第三者的視点を提供してもらったのはありがたかったが、PR自体の効果が定量化できず、費用対効果がよくわからなかった」(ソフトウェア開発企業の担当者)。メディア掲載数やイベント参加人数など、定量評価できるポイントは一部あるものの、商品やサービスそのものの魅力にPRの効果が左右される面もあり、どうしても高い評価が得られにくい。

もう1つの要因が、「担当者ごとにスキルや経験のばらつきが大きく、クオリティーコントロールが難しい」(エンタメ系企業の広報)という点だ。アンケートでは、実に30件以上の類似のコメントが寄せられた。「属人化が進んでいる印象。自分自身がPR会社出身のため、信頼できる担当者に直接依頼した」(ヘルスケア系企業の広報)と明かす人もおり、もはや会社単位ではなく、担当者単位で依頼に最適な相手を見つけることが肝要なのかもしれない。

最も気をつけたいのは、先にも触れた「期待値コントロール」だ。「戦略的な相談ができると思っていたが、結局作業代行の域を出なかった」（消費財メーカーの広報）、「PR会社を入れれば手が空くかと思いきや、資料作成のお尻をたたくなど仕事が増える結果となった」（IT系企業の広報）。

満足できない要因は「PR会社マネジメント」ができていない依頼側にもある、といった内省の声もちらほら聞かれた。無駄な費用を使わないためには、何をどこまでお願いしたいかをあらかじめ伝え、それが可能か十分確認しておくことがカギになる。

（長瀧菜摘）

ニーズ高まる「危機管理広報」の難題

真っ黒なスーツにネクタイを締めた経営陣。押し寄せた記者たちの正面に並ぶと、社長が謝罪の言葉を読み上げ、90度のお辞儀で再びフラッシュを浴びる。

2022年10月、都内で開かれた出版大手・KADOKAWAの謝罪会見もまた、この定番スタイルだった。同社は、角川歴彦会長（当時）が東京五輪関連の汚職事件をめぐり贈賄の罪で起訴された件について、説明を迫られていた。

2021年システム障害が相次いだみずほフィナンシャルグループ（FG）に、22年夏に大規模通信障害を引き起こしたKDDI――。直近でも何かしらの謝罪会見を目にしたという人は少なくないだろう。

企業の存続が危ぶまれるようなトラブルが起きた際、その影響を最小限に抑えるPR活動を「危機管理広報」と呼ぶ。単に記者会見やプレスリリースを準備するだけでなく、事件や影響範囲の把握、再発防止策への助言、ステークホルダー別の開示方針の策定など、要素は多岐にわたる。

そして、あるPR会社の関係者は「不祥事対応など、危機管理広報に関する依頼案件が増えている」と明かす。

背景にあるのが、SNSの発達による情報流通速度の変化だ。例えばみずほFGにおけるシステム障害の際、広報担当者はATMで通帳・カード取り込みが発生していることを午前中に認識し、ホームページで今後の返却方針について告知する準備を進めていた。だが、関係部署との調整に時間を要し、結局は夕方まで掲載できなかった。

かつて三菱自動車で危機管理広報を担当した風間武氏は、この数時間が命取りだと指摘する。「主要な情報インフラが日刊紙だった頃は、トラブルへの対応・周知も1日単位で進むものだった。それが今、システム障害に直面した消費者は、ウェブサイトやアプリでメッセージを見つけられなければ途端にSNSに投稿し、苦情が拡散してしまう。それがネットニュースになれば、より話が大きくなる」。

社会と霞が関の板挟み

こうした危機において、企業が向き合わなくてはならないもう1つのステークホルダーが監督官庁だ。みずほFGなら金融庁、KDDIなら総務省がそれに当たるが、こういった官庁の時間感覚は旧態依然としている。

「会社が霞が関に説明しに行き、本社で会見が開かれ、業務改善指示が出て、その後、改善の進捗状況を報告して……と、10~20年前から変わらない段取り。消費者からの『もっと早く情報が欲しい』という要望は強まり、メディアもそちらの感覚に順応しているのに、監督官庁からは『今はこれ以上話すな』とブレーキをかけられることもある。このギャップがもたらす影響も大きい」(風間氏)

消費者と監督官庁との板挟みに遭い、難易度が上がる危機管理広報。こうした事情から「個人情報の漏洩が怖いので、月額100万円で危機管理対応を含んだPR会社のパッケージプランを契約していた」（小売り大手の元広報）、「一度大トラブルを経験した企業は、危機管理広報にはウン百万円を平気で払うなど、感覚がマヒする」（大手メーカーの元広報）といった事例は枚挙にいとまがない。

即時対応ニーズが極まる中では、契約したPR会社の対応が間に合うとも限らない。社内で初動体制づくりはもはや不可欠だ。

（森田宗一郎）

成果を出すプレスリリースはここが違う

２０年連続の売り上げ減にあえいでいた老舗製缶会社が、これまで手がけたことのなかった消費者向け商品で思いがけないヒットを生み出し、納品2カ月待ち――。起爆剤となったのが、プレスリリース配信プラットフォーム「ＰＲ ＴＩＭＥＳ」に投入した1本のリリースだった。

テレビ局や新聞社などのメディアに自社商品・サービスを取り上げてもらうべく、多くの企業が作成しているプレスリリース。手法自体に目新しさはないが、その影響力は、使い方によって大きく変動する時代になっている。

ＰＲ ＴＩＭＥＳで配信したリリースは、同社のサイト上で誰でも閲覧できる状態となる。多くの会社のリリースを一覧できるため、生活情報系メディアの関係者などは「ネタ探し」にここを訪れる。自社で個別にリリースを配信するより、関係者の目に留まる可能性が上がるわけだ。設定したメディアリストに沿って取材してほしい旨の通知メールを送る機能や、配信後の分析機能も備える。利用料は従量課金の基本プランで、配信1件当たり3万円だ。

「情緒的」記述が共感呼ぶ

直近の利用社数は7・3万に迫り、配信されるリリースの数は月間3万件。メディア関係者が多数見に来るとはいえ、平凡なリリースは埋もれてしまう。逆に特徴をうまく打ち出せれば、メディア関係者だけでなく、配信元企業のツイートなどを通じて直接消費者に拡散されることも。内容や見せ方次第で大化けも狙える。

冒頭の事例は愛知県に本社を置く側島製罐（そばじませいかん）のリリース。1906年創業の下請け缶メーカーが2022年5月、子どもの思い出を保管するための缶「Ｓｏｔｔｏ（ソット）」を消費者向けに発売したと告知したものだ。

テキスト部分だけで３０００字近くあり、一般的なものと比べかなり長文。新商品の概要、価格など、基本情報はもちろん記載されているが、中盤では「親から子どもへの愛情表現」について語り出すなど、情緒的な部分も目立つ。自ら開発を率い、リリースの執筆も担当した側島製罐の石川貴也氏は、「せっかくの機会だからと、いろいろ詰め込んでしまった。言葉のチョイス一つひとつにもこだわった」と話す。

ＰＲ ＴＩＭＥＳの山口拓己社長は、「（広報担当者ではなく）発信の機会をつくった当事者やそれに近い人にリリースを書いてもらうことをオススメしている」と言う。「実際に行動した人が書くと魂がこもり、読み手に刺さる。当社も実際そうしている」。

側島製罐のリリースでもう１つ特徴的なのが、会社の失敗についても赤裸々に記述している点だ。原材料高や代替品の普及にあらがえず、年商は過去２０年で３分の１に落ち込んだこと、そこから全社的な大改革に乗り出したことなどがつづられている。

こうした情報はメディアに対し、多様な切り口を提供することにつながる。実際、側島製罐もリリース配信後に約20件の取材を受けた。斜陽産業・地方企業の復活への挑戦という側面も注目され、20〜30分単位でテレビ放送される密着取材も受けたという。

画力にこだわりヒット

ビジュアルで差をつけるのも手だ。東京都でベビー靴下の企画・開発・販売を行うエトュ(ettu)の例を見ていこう。乳児の手足の指に髪の毛や糸が絡まって鬱血する事故「ヘアターニケット」への対策ができる靴下を、2021年12月からクラウドファンディング形式で先行発売するというリリースだ。配信後、30近いメディアが取り上げ、資金も目標の4倍近く集まった。

A4サイズで9枚相当のリリースには、計19点の写真と画像を配置。「商品がきれいに見えるように中に物を詰めたり、履かせ方がわかるように知人のお子さんを撮影モデルにさせてもらったり、自分で試行錯誤しながら撮影した」(エトュの愛甲日路親（あいこうひろみ）代表）。

愛甲代表がビジュアルにこだわったのは、商品情報を届けたい対象を具体的に想定していたためだ。「自身もそうだったが、乳児を抱えていると文字情報を読み込む時間も気力もない。親御さんにリリースを直接見てもらうにしても、メディアに掲載してもらうにしても、〝画力〟は大事だなと」。


ビジュアル重視のリリースは近年の傾向でもある。ＰＲ ＴＩＭＥＳ全体で、写真・動画の掲載数は過去3年で3倍前後に拡大。スマートフォンで閲覧されるケースが増え、小さい画角で映える写真や、よりリッチな情報を伝えられる動画の重要性は高まっている。

「そもそもリリースにするような新商品・サービスがない」という悩みも、ＰＲ ＴＩＭＥＳにはよく寄せられるという。ただ、顧客向けのノウハウ提供を担当する丸花由加里氏は「配信の機会はいかようにもつくり出せる」と語る。

例えばクラウドファンディングなら、募集開始時だけでなく、プロジェクト終了後にその結果や成果物について紹介する事例もある。社内制度の変更やその過程について公開するリリースも増えてきた。どの案件のどの側面が注目されるかは、出してみなければわからない。まずは数を打ってみることも必要といえそうだ。

「PR TIMES」活用3カ条

①「当事者」に近い人を書き手にする
②多面的な「切り口」を用意しておく
③配信のチャンスは「自らつくり出す」

（長瀧菜摘）

INTERVIEW

「〝正直さ〟の時代　ウソのPRはすぐにバレる」

PR TIMES　社長・山口拓己

消費者と直接つながる手段に変貌しつつある「プレスリリース」。その配信サービスとして成長を続けるPR TIMESの山口拓己社長を直撃した。

――近年、プレスリリースのあり方が変わってきました。

ベンチャーの資金調達に関するリリースがわかりやすい。どの会社も出すようになったのは、メディアの注目度だけでなく発信者側の変化もあるように思う。最近は資金調達の概要だけでなく、出資元の担当者やお客さんなどのコメントが載っている。それ自体が読み物として成立していて、しかもSNSなどで直接生活者に届いて、バズることもある。そういう成功体験を目の当たりにして、配信の新しい動機ができたのではないか。

――プレスリリース自体が1つのメディアとして機能していると。

もう1つ象徴的なのは、以前は「過去のプレスリリースを削除したい」というニーズが多かったが、その傾向が薄れてきたことだ。

最初のプロダクトがうまくいかず、ピボットを繰り返しながら、ようやく成功をつかむという会社はよくある。その場合、変遷をわからなくしたいという考えも湧くだろう。でも、よかったこともダメだったことも、全部会社の歴史として社会に開示し、コミュニケーションする機運が高まっているのではないか。報道機関が相手なら、「過去の記事を消して」なんて要望は当然通らないわけで、その認識に近づいてきた感がある。

影響力に伴って増す責任

――経営姿勢の変化ですね。

ＰＲをやっていると、いくつか企業活動で重要なことに気づく。その１つが「正直さ」。社会、顧客、従業員などに対して、同じ言動であることは非常に重要になっている。人々の情報処理能力がこれだけ上がっている中で、ウソや取り繕いはすぐバレるからだ。

――プレスリリースが直接消費者に流通する時代となり、ＰＲ ＴＩＭＥＳの社会的責任も重くなっていると感じます。

そこは痛感している。これほど多くの方に見てもらえるサービスになると思っていなかったので、掲載基準や規約が追いつかない部分もあった。事後的にキャッチアップし、つねに見直している。

6月には業界シェアや顧客満足度について、「ナンバーワン」表記をする際の基準を厳格化した。調査概要について、より詳しい情報開示を求める形に改めている。また、新規のリリースに使用してよい期間も（一部を除き）「1年以内」から「6カ月以内」

に変えた。プラットフォームとして、信頼性の担保は最重視している。

――「ニュースの主役を変える」という目標を掲げています。従来型のメディアと企業PRの関係性は、今後どうなると考えますか。

自由に発信できる時代だからこそ、メディアの役割がより重要になると思う。最近は専門家に取材し、業界を俯瞰した情報を入れるリリースも増えた。ただ、それは全部「主観が介在したエビデンス」。客観的なメディアの取材を受ける重要性は大きい。サービスをより多くの企業に使ってほしいが、それとトレードオフでメディアが弱まり、そこから発信される情報が減れば、うちの経営は長続きしない。

（聞き手・長瀧菜摘）

山口拓己（やまぐち・たくみ）
新卒で山一証券入社。アビームコンサルティングなどを経て、2006年ベクトルに入社し取締役CFOに就任。07年にPR TIMESを立ち上げ。09年から現職。

自社の「秘話」をフル活用　新定番ｎｏｔｅの必勝法

２０１０年代、自社の顧客や消費者への情報提供、ブランディングを目的とした「オウンドメディア」のブームが巻き起こった。だが、自社でサイトを立ち上げ運営するコストが大きい割に成果が見えづらく、現在はかつてより下火になっている。

その代替手段として台頭しているのが、コンテンツ配信プラットフォームの「ｎｏｔｅ」だ。月間閲覧ブラウザー数は６３００万（２０２０年５月）に上る。

一般的なネットメディアやブログサービスと違い、広告掲載枠や閲覧数ランキングを設けていないのが特徴。読者それぞれの好みに合わせ、個人記事・法人記事の両方をレコメンドする。こうした仕様が自社のファンづくりを志向する企業にも広く受け入れられた。現在ｎｏｔｅの法人利用は１万２０００件を超える。

主に法人向けに提供する有料プラン「ｎｏｔｅ ｐｒｏ」は月額５万円。サイトのドメインや構成をカスタマイズでき、専門部隊から個別のサポートも受けられる。

「指名買い」への一歩に

ｎｏｔｅを熱心に活用する企業の１つがカルビーだ。言わずと知れた国内菓子メーカーの代表格だが、ＰＲにおいては悩みもあった。「『かっぱえびせん』や『じゃがりこ』など、食べたことがある人は多いと思うが、それ止まり。当社の商品と認識して指名買いしてもらうために、ファンとの距離を縮めたかった」。カルビー公式ｎｏｔｅの発起人である、広報部の櫛引（くしびき）亮氏はそう話す。

新聞社、ＰＲ会社を経てカルビーに入社した櫛引氏は、一つひとつの商品の背景に開発、生産の膨大なストーリーがあることに驚き、ＰＲに使えると考えた。「ｎｏｔｅでは3000字を超えるような長い記事も抵抗なく読まれる傾向があり、〝裏側〟を語り尽くせると思った。実際、ｎｏｔｅで初出しした開発秘話は多くある」。

好例は21年5月配信の「カード化する選手をどう決めるのか!? 4000種類のカードを担当した〝ミスタープロ野球チップス〟に聞く仕事の流儀」と題した記事。「プロ野球チップス」を12年にわたり担当する社員が選定プロセスを語る、インタビュー形式の記事だ。

配信当初からツイッターなどで拡散され、「こういうのが読みたかった」「これを読んだのでプロ野球チップスを買ってきた」といった反応も寄せられた。後には、記事に登場した〝ミスター〟を囲むファンミーティングも開催。まさにファンとの距離を縮める成果につながった。

Ｎｏｔｅを始めてもネタ探しに悩む企業は少なくないようだが、カルビーの手法はヒントになりそうだ。「社内にいると当たり前なことが、意外と注目されたりする。当社側からテーマ設定の提案をすると、『そんな話でいいんですか?』と驚く担当者も少なくない」（ｎｏｔｅの加藤貞顕ＣＥＯ）。

配信記事は営業資料にしたり、関連の新商品のプレスリリースにリンクで張ったりと、あらゆる場面に活用している。「配信して終わりではなく、情報資産にできると実感した」（櫛引氏）。

カルビーでは現在、約10人の広報部員がｎｏｔｅの運営に携わる。2人がデスク機能を、それ以外が執筆を担当する。「認知してもらうには一定のペースで記事を出したほうがいい」と櫛引氏。持続可能な体制とサイクルの構築はカギとなりそうだ。


企業のｎｏｔｅの利用目的としてよく挙げられるのが採用広報だ。東京都のＩＴ企業・フィードフォースもそんな1社。「採用スカウトメールの効果が薄れ始め、新しい武器を持たねばと思った」。公式ｎｏｔｅの編集長である、人事部の渡邉康晴氏はそう話す。

知名度がさほど高くないフィードフォースだが、渡邉氏が重視しているのは、「自社を知らない人にどう読んでもらうか」だ。

「例えば『自由な働き方を許容する文化』を訴求したい場合。それを正面から語っても、どこぞの会社のそんな話に誰も興味はない。アピールが透けて見えると読みたくもなくなる。そこで『日本全国どこでも採用で社員の働き方はどう変わった？』のように、〝自分事〟として気になる人の多そうなテーマを切り口にする」（渡邉氏）。

2022年6月配信の「育休中のみんなへ」と題した記事は、社内報をそのまま公開したような体裁が目を引く。内容はここ1年の事業活動情報のアップデートであり、求職者にも有益だ。育休取得者含め、社員を大切にする社風もさりげなくアピールできる。

配信後の動きも肝心だ。会社や個人のSNSで投稿するだけでなく、社内でも告知する。記事に関わってくれた人には具体的な反響を連絡。以後、よき協力者になってくれる可能性があるからだ。

フィード
フォース

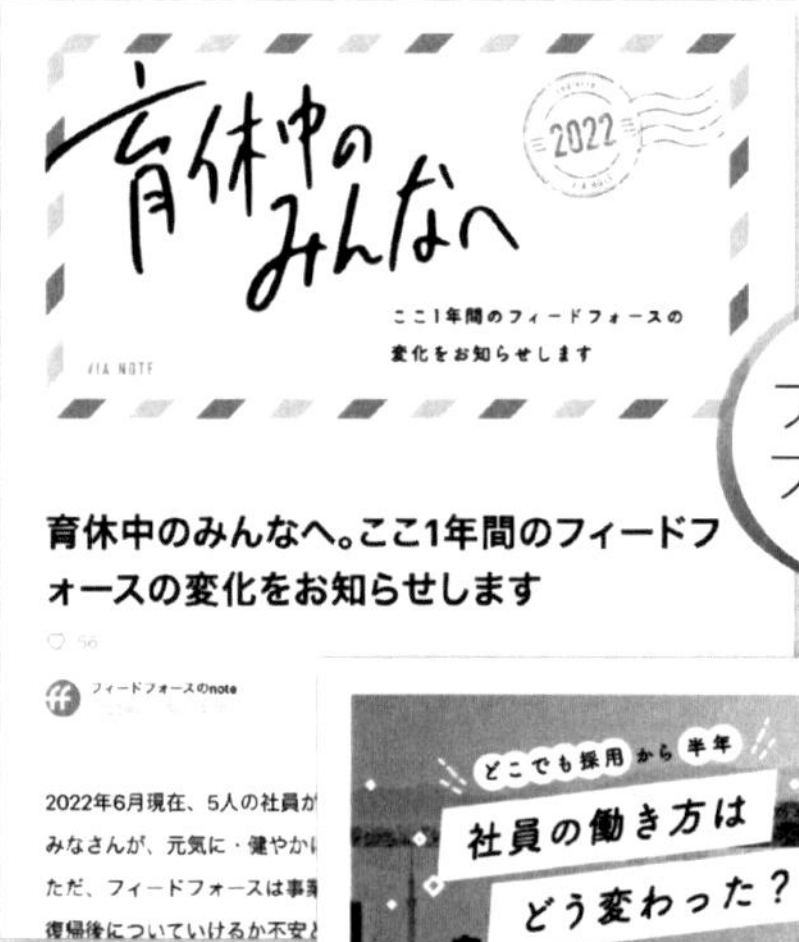

社内制度についても積極的に公開。面接者に事前に読んでもらえることで、採用ミスマッチも減った

典型的な「残念事例」

ｎｏｔｅの運営をうまく行うには、「権限とリーダーシップを持った編集長や編集チームを置くといい」（ｎｏｔｅで法人向け支援を担当する松宮恵氏）。配信前の記事を社内で回覧する中で、ここは掲載ＮＧ、この表現は変更……と「赤入れ」され、結局つまらない記事になってしまうというのは、「残念事例」の典型だ。

利用各社から最も多く寄せられる悩みが「効果測定」だ。売り上げや顧客数が伸びたとしても、それがどこまでｎｏｔｅのおかげなのかは把握しにくいためだ。

そこで肝心なのは「定量・定性の両面で評価すること」（松宮氏）。フィードフォースでも、記事ごとのＰＶ（閲覧数）やＳＮＳでのシェア数といった定量面を見つつ、中途面接者へのアンケートなどで定性面も補完。「応募者の志望度の向上や、入社前段階の期待値調整への貢献が確認できた」（渡邉氏）。

多面的に評価しておけば、継続を提案する際の社内への説得材料にもなる。ファン育成は一日にしてならず。中長期的に取り組める状況を確保したい。

ｎｏｔｅ活用3カ条

①持続的に記事を出せる「サイクル」をつくる
②権限を持った「編集長や編集チーム」を置く
③「定量」と「定性」の両面で目標を設定する

（長瀧菜摘）

「企業だってクリエーター　成長へメディア化は必須」

note CEO・加藤貞顕

「成果が見えづらい」といわれがちなオウンドコンテンツの重要性とは何か。noteの加藤貞顕CEOに聞いた。

――企業のオウンドツールとしての利用が広がってきました。

多くの人に見てもらえるプラットフォームになり、企業にもいわば「はやっている街にお店を出したい」という心理で注目・活用してもらえるようになった。

米アップル社などを見ていると、企業はそもそもクリエーターだと思う。みんな機能性だけでなく、世界観やメッセージに共感するから(製品を)買って、コミュニティーの一員になる。モノが行き渡っている今、クリエーターとして活動できている会社こそうまくいく傾向は強まっていると思う。

――広告とランキングがないのもｎｏｔｅの大きな特徴です。

自分のアカウントは家みたいなもので、家の壁面に広告を貼りたいと思う人は少ないだろう。ランキングに関しても、毎日他人と比べられたら疲れてしまう。読者には便利かもしれないが、クリエーター視点で考えるとうれしいことばかりではない。

法人利用でいえば、そういった仕様が「本店所在地」にするうえで受け入れられやすかった面はあると思う。それでいて読者向けには、企業の記事もそれぞれの好みに合わせて、個人クリエーターの記事と同じ扱いでレコメンドされる。自社でオウンドメディアを立ち上げて運営するより、見てもらえる可能性は広がる。

採用のギャップ低減も

――「オープン社内報」のような形で使っている企業も多いですね。

会社の中の話を外向けに出すと、会社の「人格」みたいなものが伝わる。採用面でプラスになるほか、入社後のギャップを少なくする効果もある。面接以外の場でもたくさんの情報が得られて、十分なすり合わせを済ませた状態でマッチングできるわけだ。

――オウンドメディアの運営は「成果が見えづらい」とされます。

中長期的に見れば、必ず競争力につながる。皆がアップルのPCやスマートフォンを買うのは、アップルが好きだからだ。値段が高くても選んでもらえるなんて、事業上こんなにプラスなことはない。モノがあふれている今、アマゾンの中の1商品として機能や価格の面だけで比べられるのはつらいし、事業成長できない。それを考えれば、企業は自らがクリエーターに、そしてメディアになる必要がある。

――やったほうがいい、というより、やらなければ死活問題と。

人の過ごす時間のうち、世代にもよるけれど7割くらいがオンライン化しているというのが実感だ。この先、全世代・全員が8割以上オンラインになると思う。そのときに企業の活動エリアも、8割がオンラインになっていなければ売り上げは自然と減ってしまう。

オンラインをやっていますという企業はたくさんあるけれど、実態は「看板を出しているだけ」みたいなところもありますよね。重要なのは、オンラインに軸足・本店を移せるか。出張所みたいな位置づけではなく、オンラインの本店にその会社のビジネスが全部ある状態だ。そうなればおのずと、オンラインのPR活動の重要度も引き上がるはず。

（聞き手・長瀧菜摘）

加藤貞顕（かとう・さだあき）
大阪大学大学院経済学研究科博士前期課程修了。アスキー、ダイヤモンド社で編集者として話題作を多数担当。2011年にピースオブケイク（現ｎｏｔｅ）設立。

【広報覆面座談会】

ＰＲの世界が激変　１０年前と様変わり！

目まぐるしく進化する広報・ＰＲの世界。その最前線に立つ企業広報やＰＲエージェントのベテラン勢に心境を聞いた。

（個別取材を基に座談会形式で構成）

【Ａ：メーカー】大手メーカー勤務、広報歴１０年
【Ｂ：運輸】運輸系企業勤務、広報歴２０年
【Ｃ：ＩＴ】ＩＴ系企業勤務、広報歴２０年
【Ｄ：フリー】フリーのＰＲエージェント、広報歴１０年

―― 業務領域に変化は？

【A：メーカー】広報が使いこなすべき手段は本当に多様化しました。ただ、SNSなどでBtoB企業が成果を出すのは難しい。効いてくるのはBtoCでしょう。あるレジャー企業はコロナ禍における入国規制の緩和に向けて、ロビー活動と並行して広報がインスタグラムやTikTokを頑張ることで、世論誘導も成功させていました。

【B：運輸】競合が「note」をフル回転し、ブランド発信に成功していて……。自社でどのように活用できるか、まさに検討しているところ。広報の仕事が受け身から発信に変わってきたと痛感します。

【C：IT】ここ5～6年でPRのあり方は激変しましたよ。オウンドメディアやその拡散役のSNSを含め、PRの選択肢を選ぶのがすごく難しい。また、最近は発信スキルを兼ね備えた「辞め女子アナ」広報さんが増えてきて、圧倒的に優秀なので脅威を感じています。

【D：フリー】クライアントから求められるスキルがメディアとの関係構築からSNS運用、動画配信まで広がり、ついていけません（苦笑）。

――経営トップのPRに対する姿勢がカギを握るとも聞きますが。

【C：IT】うちはトップがすごくPRを意識しています。休日の直前、天気予報を見たトップが「天候に関連したあのサービスのリリースを出せ」と。大慌てでグラフなどをそろえて出したら、見事に翌日のテレビで続々と紹介されました。攻めのPRは、トップがどれだけPRを重視しているかでネタも変わってくる。つねに見られているので、気が気じゃないですが。

【D：フリー】トップに「あれとこれをやってくれ」と言われている間は、PRとして一歩目を踏み出せていないと思ったほうがいい。時間をかけて信頼関係を築き、世の中とのコミュニケーションについて企画・立案し、それをトップにインプットできるようになって、ようやくPR業務の始まりです。

【B：運輸】収益に直結するKPIを持たないので、幹部にあれこれ意見すると「あの広報を外せ」となることもしばしば。ただ、広報の仕事は簡単に数値化できるような性質のものではない。いざとなれば経営陣のクビが飛ぶようなネタを日々管理し、影響力のあるメディアと接している。経営者は広報をなめないほうがいいですよ。

【D：フリー】経営者はもちろん、営業など広報以外の担当者にも無関係な話ではありません。もはやPRは職種ではなくスキル。ネット時代に入り、企業と社会の接点が増えると同時に、ステークホルダーへの説明責任が発生する事象や場面も増え、PRというスキルの重要性が顕在化した。どんな部門の社員にもPR意識が不可欠です。

記者と駆け引きを楽しむ

——トップがPRを重視する企業として、「トヨタイムズ」を運営するトヨタ自動車が象徴的です。

【A：メーカー】トヨタイムズは人手と金をかけられるからこそ成立していますよね。そして、トヨタはあの媒体を発信の拠点としつつ、付き合うメディアの選別を進めていると。

【C：IT】最近、トヨタを担当する記者の中には、取材ができないからと、トヨタイムズを読んで記事を書くやつがいるそうで。広報活動の使命は、会社と報道機関との間に流れる川に独り立ち、時には実態に即して「私もよくないと思っています」と、ネガティブなことも伝える役割だと思っています。その関係性が歪んでいるのを見ると、どうかと思いますけどね。

【B：運輸】どう書くかわからない記者との駆け引きを、広報は楽しむぐらいじゃないと。メディアの書き方に文句を言う時点で、その企業は広報の本質をわかっていない。

【D：フリー】ちょうどクライアント企業の広報と、きれいに取り繕って発信する記者会見のスタンスについてもめているんですよ。消費者の目が肥えて、ウソっぽい広告コンテンツの効果は頭打ちになっている。何かを伝えるためには、何か開示したくない失敗談を明かすなど、リスクを取らないと。

――メディアと関係を構築することの重要性は変わりましたか。

【A：メーカー】考えなしにマスメディアに露出しておけばいい、という時代は終わりましたね。

【B：運輸】記者発表などで声かけする対象が変化していて、従来型のメディアとYouTuberなどのインフルエンサーで半々になっています。国境をまたぐサービスの発表の際は、現地のインフルエンサーへのアプローチも欠かせません。

【D：フリー】正直、メディア露出の重要度はすごく落ちています。PRの手札の1枚にすぎないので。とはいえ、事故や不祥事があれば、必ずメディアと対峙することになる。いくらPRにおいてオウンドメディアなどの比重が上がっても、依然としてメディアとの関係構築は一定の重要性を保ってもいます。

——広報の世界で教科書上は御法度とされている「リーク」についてはどうお考えですか。

【C：IT】BtoCのサービスはプレスリリースを出しただけで記事になるけど、金融系などBtoBはビジネス媒体でなければ記事にならない。日本経済新聞の「イブニングスクープ」への掲載を狙ったリークの必要性は、金融系のプレーヤーの間では共通認識でしたね。

【B：運輸】昭和の広報スタイルと思いつつ、まだリークは活用しています。

【A：メーカー】広報に着任した当初、過去の担当者時代の名残で、メディア露出の予定を管理するカレンダーに平然とリークが1つの選択肢として書かれていた。でも、関係者からの信用をなくすし、置いていかれたメディアにも「何でうちには教えてくれなかったんだ」とすごく怒られる。すぐやめさせた。その代わり、開示資料をよく読み込んで独自ネタをつかみかけた記者から問い合わせがあれば、包み隠さず詳細を話すようにしている。

ＰＲ会社を「脳」に使うな

――ＰＲ会社が広報戦略や商品企画など、経営の上流まで食い込む提案を強化しています。

【Ｄ：フリー】でも、大手のＰＲパーソンに限って「企画脳」がなくて、知る限りは作業しかできないですけどね。むしろ、上流から入ってほしいのに、「作業までしかできません」というケースも見かけましたよ。

【Ｂ：運輸】うちは、ＰＲ会社を「脳」として使ったらおしまいだと、部署内で言い聞かせています。ＰＲ会社からしたら、それは企業広報の上流まで食い込みたいに決まっているでしょうね。ただ、そうすると経営層に「広報って誰でもできちゃうんだ」と思われかねない。それは社内における広報のプレゼンスに関わります。

【C：IT】PR会社はいっさい使っていません。広報は会社のことを最もわかっている社内の人間にやらせたほうがいい。PR会社はあらゆるルートから営業をかけてきますけど、基本的にはすべてスルーしています。中途採用でもPR会社の人間は絶対採らないし、書類の時点で落としてしまいます。PR会社の経験を生かせば攻めの広報はできるだろうけど、いざ事故や不祥事が起きたとき、守りの広報はできるの？事業会社を一回でも経ていたら考えますけどね。

【A：メーカー】よく「PR TIMES」が売り込みに来て、若手の広報部員も話を聞きたがるけど、頼りすぎちゃうとノウハウがたまらないよ。でも、人材不足も深刻だから、そのあたりが悩ましいところ……。

（構成・森田宗一郎）

報道人材がPR領域に続々転職

2022年7月に行われたトヨタ自動車の「新型クラウン」発表会。質疑応答の場で軽快に司会をこなす人物がいた。元テレビ朝日アナウンサーの富川悠太氏だ。看板アナから一転、2022年4月にトヨタへ移籍した。

豊田章男社長肝煎りで始めたオウンドメディア「トヨタイムズ」を展開するトヨタは、ほかにも報道人材を獲得している。

報道での経験を生かし、一般企業でメディア対応などを行う〝受け身〟型の広報に転身する人物は昔から少なくなかった。ただここに来て、企業コンテンツを社会へと発信するPRキャリアを選ぶ報道出身者が続出している。

Zホールディングス傘下のベンチャーキャピタル・ZVC（Z Venture Capital）で、

22年9月からコミュニティマネジャーを務める高橋翔吾氏もそんな一人だ。転身まで約10年、NHKの記者として活躍。東日本大震災の復興を報道し、福岡放送局で県政キャップも務めた。

「好奇心を満たす環境にいたい」。そう強く願いNHKに入局した高橋氏。記者生活は充実していたが、SNSや動画サイトが普及する中、社会がテレビ業界に求める役割の縮小を痛感していた。またマスコミの場合、多くの記者は一定の経験を積むと現場から離れ、後輩の原稿を編集するデスクとなるのが慣例。現場で活躍し続けるキャリアパスは描きづらい。

何か面白い職場はないかと探る中、出合ったのがZVCだ。初回の面接で堀新一郎社長が発した、「VCのメディア化」というビジョンに強く引かれたという。

入社後は投資の検討段階から社内のキャピタリストと連携し、投資が決まったベンチャーとの対談企画などを発信。人事と共同で社内コミュニケーションの活性化を模索するなど、業務は幅広い。

自己アピールに偏りがちなベンチャーのプレスリリースに対しては、事業の背景にある社会問題と結び付けることなどをアドバイスしている。ベンチマークとしているのは、米VC大手アンドリーセン・ホロウィッツ。報道出身者を複数抱え、投資先に関連する業界分析記事などを独自に公開し、資金・ノウハウ提供とは別の形でベンチャーを支援している。

「ジャーナリズムをVCの世界に持ち込みたい。世界の最先端を好きに取材・発信でき、前職への未練はない」（高橋氏）

高まる「辞め記者」需要

同じくNHKで18年間報道畑を歩み、2021年11月に沖縄を拠点に企業・行政向けのコンテンツ制作会社を立ち上げたのが松下温氏だ。キャリア構築に悩む中、企業などから映像制作について相談を受けることが増え、独立を決意した。

すでにANAホールディングスのオウンドメディアから映像制作を請け負い、他社案件でも着々と実績を積む。「タレントを起用して商品をきれいに見せる従来のPR

がうそっぽいと思われる時代になり、引く手あまただ」（松下氏）。

朝日新聞社出身の林亜季氏は22年1月、ブランドジャーナリズム社を起業した。「ブランドジャーナリズム」とは04年に米マクドナルドで最高マーケティング責任者だったラリー・ライト氏が提唱した概念。企業がジャーナリスティックな視点を持ち、自らや業界について制作したコンテンツを社会に向け発信することを指す。

林氏は朝日新聞の経済部時代に東芝の経営危機を連日取材し、ネガティブ報道への偏りに疑問を抱いた。「堅調な事業もあるのに、関係者の不安をあおりまくって社会のためになるのか、これが本当の経済報道なのかと悩んだ」。

一方、新規事業開発に携わった際、世界3大広告賞の1つ「カンヌライオンズ」など海外のメディアビジネスを広く調査する中で出合ったのがブランドジャーナリズムだ。「日本のマスコミがジェンダー問題を全然扱っていなかった当時から、カンヌではそれらの問題をあぶり出す作品が受賞していた。最先端の広告のほうがよほどジャーナリスティックだなと」（林氏）。

新聞の世界を飛び出した林氏は、17年に参画したハフポスト日本版で広告事業のトップに就任。その後もウェブメディアを複数経験し、独立した。新会社では野村ホールディングスの案件を手がけるなど、需要の高さを感じている。

こうした中、メディア側は人材をどうつなぎ留めるのか。キャリアパスの拡充や報道姿勢についての議論など、現場に向き合う経営努力が問われる。

（森田宗一郎）

メディア「不信・不振」を如実に表す4つの論点

関西大学特任教授（ネットジャーナリズム論）・亀松太郎

新聞の発行部数はここ10年で3割以上減少し、テレビ番組の視聴率も下降線――。消費者への情報流通の主役だったマスメディアの凋落には、ネット時代の行動・志向変化に対応できていない媒体社へ募る「不信感」が影響していそうだ。象徴的な4つのケースを見ていこう。

「謝礼」と「校正」をめぐり批判殺到

〈最近いくつかの新聞社から「孤独のグルメ」についてのインタビュー依頼があった

けど「今回は無償で」とか「報酬と著者校正はございません」っていうので断る。「宣伝してやるからインタビューただでさせろ」っていうみたいな新聞社の態度は、時代錯誤で非常識〉

人気ドラマ「孤独のグルメ」の原作者として知られる久住昌之さんが9月、ツイッターにこんな投稿をした。新聞社への不満を爆発させたツイートには、2万以上のリツイート、9万以上の「いいね」。コメント付きの引用リツイートは1000件を超えた。その多くが久住さんに好意的で、新聞社の姿勢を批判する内容だった。

久住さんが「非常識」と難じたのは、①無償での取材協力（＝謝礼なし）②取材協力者の校正なし（＝掲載前の原稿確認なし）という2点だ。賛同する声には、新聞不信が強く表れていた。

〈宣伝するからタダとか、ありえない。というか、その媒体は自社の力の強さを読み違えていませんか?〉〈報道ならまだしも著者インタビューで報酬も校正もなしというのは思い上がりでは〉。

久住さん同様、新聞社の「時代錯誤」な感覚を批判する声もあった。

私はかつて朝日新聞で記者として働いたことがあり、今もネットメディアで執筆・編集に関わっている。批判はひとごとではない。

取材相手に「謝礼を払うか」「校正を求めるか」は、メディアや取材対象によって基準が異なる。それ自体はいいとして、自社の方針と理由について、記者がきちんと把握・説明できているかという点は重要だ。漫然と「謝礼なし」「校正なし」を貫いているケースも一定数ありそうで、それは通用しにくくなっているといえる。

これまではメディアの影響力が大きく、個人が不特定多数の人々に向けて情報を発信できる場が限られていたので、メディア側の謝礼・校正方針に疑問を呈する人は少なかった。だがSNSの普及でメディアと取材対象者のパワーバランスに変化が起き、反発が一気に拡散するようになった。そのことを象徴する出来事である。

ファクトチェック　新機関の誤算

メディアの信用性の低下は、10月1日に発足した「日本ファクトチェックセンター（JFC）」への厳しい反応にも表れている。「報道機関はファクトチェックの対象外」としたことに対し、激烈な批判が巻き起こったのだ。

JFCは、ヤフーなどのインターネット事業者で構成されたセーファーインターネット協会（SIA）が、ネット上の偽情報・誤情報を検証するために設立したファクトチェックの専門組織だ。

問題となったのは、ファクトチェックの対象に関する指針。「正確で公正な言説により報道の使命を果たすことを目指す報道機関」として運営委員会が認める者が発信した言説については、検証の対象外としたのだ。これに、ネットユーザーから激しい批判がぶつけられた。

JFCでは各種拡散情報について「正確」「誤り」など5項目で判定

第19条（対象言説の設定）

1. 当センターは、広く一般からの要請及び日常的な調査により収集された言説のうち、以下の条件を満たすものの中から対象言説を設定する。
   (1)不特定多数に公開された言説であること
   (2)事実に基づき客観的に証明又は反証が可能な内容であること
   (3)当該言説の流布が、個人、組織、集団又は広く社会一般に対して影響を及ぼす可能性があること
   (4)正確で公正な言説により報道の使命を果たすことを目指す報道機関として運営委員会が認める者が発信した言説ではないこと

2. 前項の規定にかかわらず、運営委員会は、特に必要と認める場合には、対象言説を指定することができる。

（出所）日本ファクトチェックセンター（JFC）のガイドラインから抜粋

〈チェックの対象外とする「正確で公正な報道機関」とは誰がどうやって判断するのか。自分達だけの都合で運営するなら、ファクトチェックの名に値しない〉〈「正しさ」を決めつけて「ファクトチェック」の名を借りた「検閲」や「利権の確立」を目指していると指摘されても仕方ない〉

ヤフーのリアルタイム検索で調べると、関連ツイートの8割が「ネガティブ」な投稿と評価された。

一方、JFCはもともとインターネット事業者が中心となって設立した組織で、ネットの言論空間の健全化をファクトチェックの目的としているのだから、対象から報道機関を除外するのは当然だという指摘もある。JFC側には、そのことをわざわざ強調しなくても理解されるだろう、といった考えがあったのかもしれない。

ネットを使い慣れている学生たちはどう思うのだろうか。私が講義を担当している関西大学総合情報学部の学生に、賛否両論の内容を示したうえで尋ねてみた。

結果は、報道機関を対象から外すことに「反対」が3分の2で、「賛成」を上回った。

〈テレビにおけるBPO（放送倫理・番組向上機構）など、報道機関には検証・訂正を行うシステムがあるが、それらが正しく機能していると思えない〉〈報道機関も都合のいいところを切り抜いて報道したりしているため、それこそチェックする必要があるのではないか〉。

こんな批判が数多く寄せられた。

JFCは一連の反発を受け、報道機関を対象外とする指針について説明するQ&Aページを新たに設置。が、その意図が十分に周知・理解されているとはいいがたい。

記事の価値はPV？　現役記者の嘆き

「メディア不信」と並んで深刻なのが「メディア不振」だ。年々経営が悪化する新聞社の中で、記者たちはもがき苦しんでいる。

〈記事の価値は閲読数で決まるの? 肩身が狭い「読んで欲しい記事」〉。

朝日新聞のウェブサイトに10月、こんなタイトルの記事が掲載され議論を呼んだ。東日本大震災の被災地取材を続ける東野真和記者が、閲読数(PV)で記事の評価が決まる昨今の風潮を嘆いたコラムだ。「何日もかけて取材したり七転八倒したりして書いた記事」よりも「15分で取材して10分で書いた記事」のほうが何十倍も読まれていると指摘し、「苦労と閲読数は比例しない」とつづる。

また、新聞社が経営のために有料課金につながる記事を重視している昨今の傾向にも触れ、〈有料でも「読みたい」記事を載せるのは当然だが、「読ませたい」記事の価値を計るものさしは、ないものだろうか〉と嘆く。

紙の新聞の発行部数は減少の一途で、朝日新聞も400万部を切ったことが報じられた。米国のニューヨーク・タイムズのようにデジタルシフトで起死回生できればいいが、日本経済新聞など一部の例外を除き、その道は険しい。

経営環境の厳しさは、新聞のような伝統メディアだけの問題ではない。東野記者の記事を私のフェイスブックで紹介したところ、あるネットメディアの編集者からこんなコメントが入った。

〈閲覧数に応じて広告費が変動する以上、この議論はなくならない。チキンレースを降りた者が負け、という現実が目の前にある。一方で、有料で読んだ記事が期待外れだった場合、どうしたらいいのか。答えが出ない日々です〉

新旧問わず、メディアに携わる者の悩みは共通なのだ。「不振」から抜け出すための試行錯誤が、読者・消費者のみならず、時に現場記者の「不信」を招くという皮肉な構図も垣間見える。

「反発」より怖い「無関心」の実態

最後に、関西大学総合情報学部の学生向けに行った、あるアンケートについて触れておきたい。

私はネットジャーナリズム論の講義で、「ヤフーニュースやLINEニュースといった『プラットフォーム』に掲載されている記事のほとんどは新聞やテレビ、ネットメディアといった『パブリッシャー』が配信したものだ」と、学生に繰り返し説明している。ネットの世界における「プラットフォームとパブリッシャーの関係」を知らない者が増えているからだ。

実際、どれくらいの学生がその構造を知らないのか。アンケート結果を見ると、「ヤフーニュースの記事はヤフーが作っていると思っていた」という学生がなんと半数以上に上った。

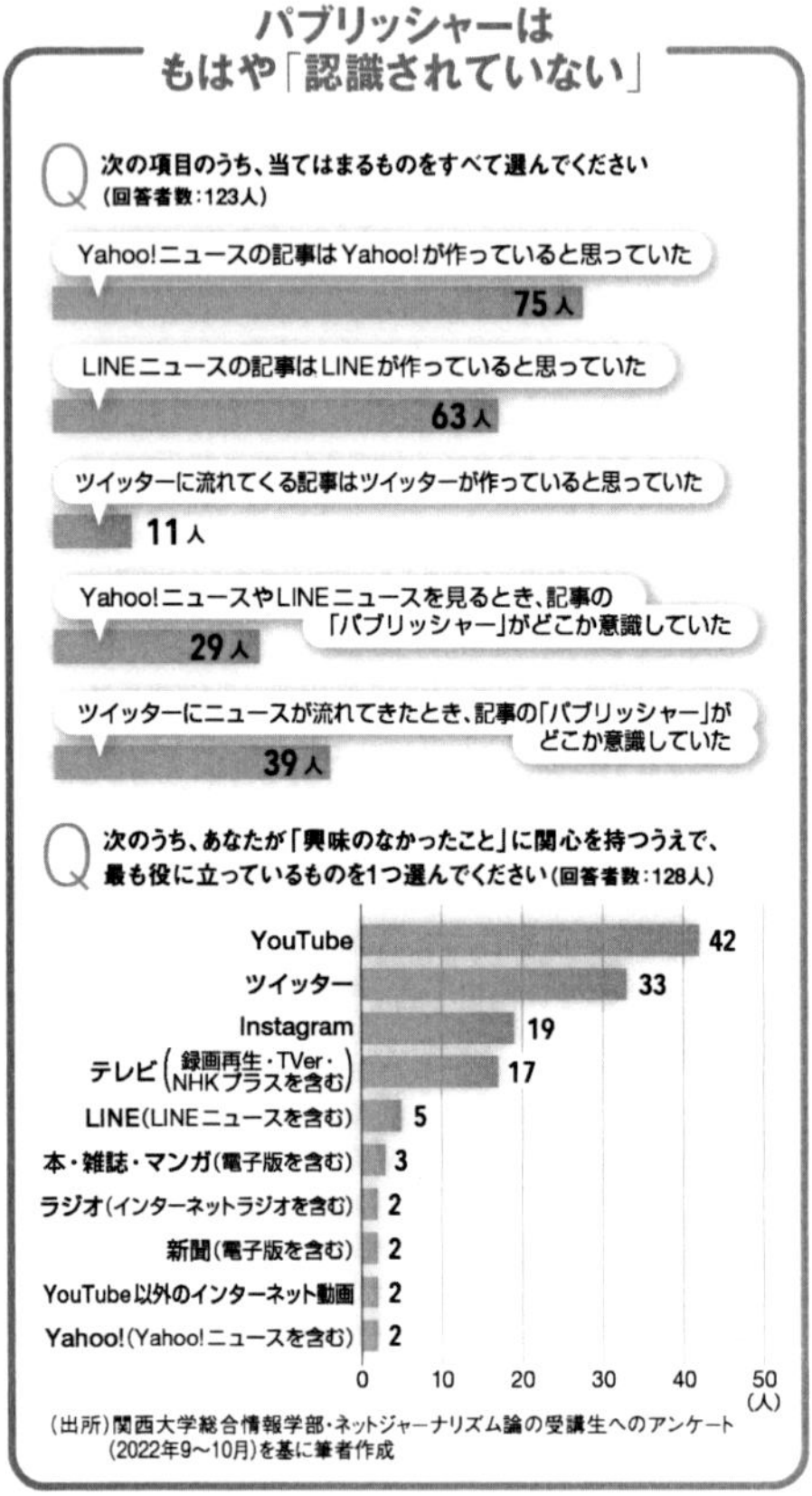
パブリッシャーは
もはや「認識されていない」
Q 次の項目のうち、当てはまるものをすべて選んでください
(回答者数:123人)
Yahoo!ニュースの記事はYahoo!が作っていると思っていた
75人
LINEニュースの記事はLINEが作っていると思っていた
63人
ツイッターに流れてくる記事はツイッターが作っていると思っていた
11人
Yahoo!ニュースやLINEニュースを見るとき、記事の「パブリッシャー」がどこか意識していた
29人
ツイッターにニュースが流れてきたとき、記事の「パブリッシャー」がどこか意識していた
39人
Q 次のうち、あなたが「興味のなかったこと」に関心を持つうえで、最も役に立っているものを1つ選んでください(回答者数:128人)
YouTube 42
ツイッター 33
Instagram 19
テレビ(録画再生・TVer・NHKプラスを含む) 17
LINE(LINEニュースを含む) 5
本・雑誌・マンガ(電子版を含む) 3
ラジオ(インターネットラジオを含む) 2
新聞(電子版を含む) 2
YouTube以外のインターネット動画 2
Yahoo!(Yahoo!ニュースを含む) 2
0 10 20 30 40 50
(人)
(出所)関西大学総合情報学部・ネットジャーナリズム論の受講生へのアンケート(2022年9〜10月)を基に筆者作成

また、「興味のなかったことに関心を持つうえで最も役に立っているもの」について聞くと、ユーチューブ、ツイッター、インスタグラムの3つが多く、テレビよりも影響力があることがわかった。

同様のアンケートはNHK放送文化研究所も実施している。回答者の範囲は16～29歳と大学生よりは広い年齢層だが、やはりトップはユーチューブ。「新聞」を挙げる者はほとんどいない。

これらの結果が示すのは、メディアの存在が認識されなくなっているという現実である。実際、学生の多くはヤフーニュースやLINEニュースを見ているので、そこで新聞やテレビが配信した記事を目にしているはずだ。でも、彼ら自身にはその「実感」がない。

メディアの関係者は、新聞やテレビに対する「反発」よりも「無関心」を恐れるべきだ。自分たちがどう見られているかを直視したうえで、「上から目線」に気をつけながら、自らのメディアの目的や指針について、もっと丁寧に世間に伝えていくべきだろう。

亀松太郎（かめまつ・たろう）

１９７０年生まれ。東京大学法学部卒業後、朝日新聞社に入社。退職後、弁護士ドットコムニュース編集長などを歴任。再び朝日新聞社に招聘されウェブ媒体の立ち上げも経験。

INTERVIEW　新興ネットメディアが直面した現実①

「プラットフォームとの交渉に向け連携を」

ジャーナリスト・浜田敬子

一時は「既存メディアと置き換わる存在になりうる」と目された新興ネットメディアだが、現状はそれに遠く及ばず、雲行きが怪しい。識者に課題を聞いた。

ネットメディアはどこもマネタイズに悩んでいる。

スポンサード（記事広告）は収益の大きな支えとなる一方、制作には非常に手間がかかる。また、本来の記事より目立つ場所にそればかりが並ぶとなれば読者体験としてよくないので、どこまで力を入れるかも難しい判断だ。

「Ｙａｈｏｏ！ニュース」など、無料で記事が閲覧できるプラットフォームとの関係性も長年の悩みの種だ。きちんと取材して、いい記事を作ろうとすれば、やはりコストがかかる。それに見合う対価を払ってほしいが、メディア側が存続していけるだけの収入を本当にプラットフォームから得られているのか。

PV（閲覧数）単価を上げられないか交渉したこともあるが、まだ対等な関係には至っていないように思う。1社では交渉力がないので、複数のメディアで連携したほうがいい。その旗振り役が登場するか否かは重要だ。

コンテンツ面で言えば、ウェブメディアが生き残るためには、（ある特定の層に）「私が生きていくために必要なメディア」と思われなくてはならない。新興メディアの編集部はおおむね10人前後。何をやって何をやらないかをはっきりさせていくしかない。

一方でビジネスを拡大させようとすると、次第にメディアとしての個性は薄まる。稼ぐための手段と、自分たちが守りたい世界観がつねに同じベクトルならいいが、つい PVが取れそうな方向へ流されそうになる。そういう葛藤もある。

（構成・森田宗一郎）

浜田敬子（はまだ・けいこ）

朝日新聞社で支局や『週刊朝日』編集部勤務を経験。その後『アエラ』で初の女性編集長に。２０１７年から「Business Insider」日本版統括編集長。２０年に退任、独立。

「〝政権交代可能な野党〟では、元々なかった」

ノンフィクションライター・石戸　諭

毎日新聞からバズフィードジャパンに転じ、現在はフリーで活動する石戸諭氏。新興メディアに〝新聞超え〟の夢を見ていたか？と問うと、「別にそうでもないですよ」と返ってきた。

新興ネットメディアは新聞やテレビと違う角度からのニュースの発信を目指していたが、それはあくまで（マスメディアという）メインストリームあってのオルタナティブ。「ちょっと（脇道を）走らせてください」というものだ。

そもそも、人的リソースが違う。日本経済新聞がいったい何人の記者を張り付けていて、それ以外の広告や書籍といった事業でどれだけ稼げているか。要するに、ネットメディアは政権交代可能な野党ではないわけです。

最近はネットメディアの発信も〝とがった〟ところが消えつつあって、スケールダウンしたマスコミのようだ。安定期に入った今、持続的な成長に向けてどんなゴールを見据えるのか。もう一度自分たちの存在意義を見つめ直すべきタイミングだろう。

ネットメディアが夢を見るフェーズは終わった。そう考えると、実は（メディアの今後についての）ボールは、むしろマスメディアの側にあるのではないか。

例えば記者の育成は、若手に見合わない給料を許容するという大きなミッション。リソースの限られるネットメディアにはなしえない。「本当に効率的なメディアビジネスをやるためには、まず非効率な部分をかなり許容しなきゃいけない」というのは、ネットメディアでの経験から僕が得た1つの教訓だ。メインストリームがぐらついていたら、オルタナティブであるネットメディアもよりきつくなる。

（構成・森田宗一郎）

石戸　諭（いしど・さとる）

毎日新聞社、BuzzFeedJapanを経て2018年に独立。「百田尚樹現象」で「編集者が選ぶ雑誌ジャーナリズム賞作品賞」受賞。近著に『ニュースの未来』など。

〝新聞消滅列島〟の行方

「朝日新聞、創業以来最大の赤字」「フジテレビ、4年ぶりに早期退職者募集」――。ここ数年、マスコミ不振を伝えるニュースがいよいよ増えてきた。

これら全国的な報道機関の消耗は憂慮すべき事態だが、それ以上に深刻なのが地方メディアだ。東洋経済で確認が取れただけでも、2011年以降に休廃刊となった地方新聞は24紙に上る。

言わずもがな、ほとんどの媒体が部数と広告収入の減少に耐えきれなくなった格好だ。それに加え、人員不足の深刻化が拍車をかけたケースも散見される。直近では9月、福岡県の西日本新聞社が「西日本スポーツ」を23年3月いっぱいで休刊し、ネット媒体にシフトすると発表した。

夕刊をやめた新聞も、同期間に10紙ある。夕刊はその日のニュースをその日のうちに届けるという「即日性」が重要な提供価値だった。ネットニュースの定着など、社会が変化する中で朝刊以上に存在意義を問われている。

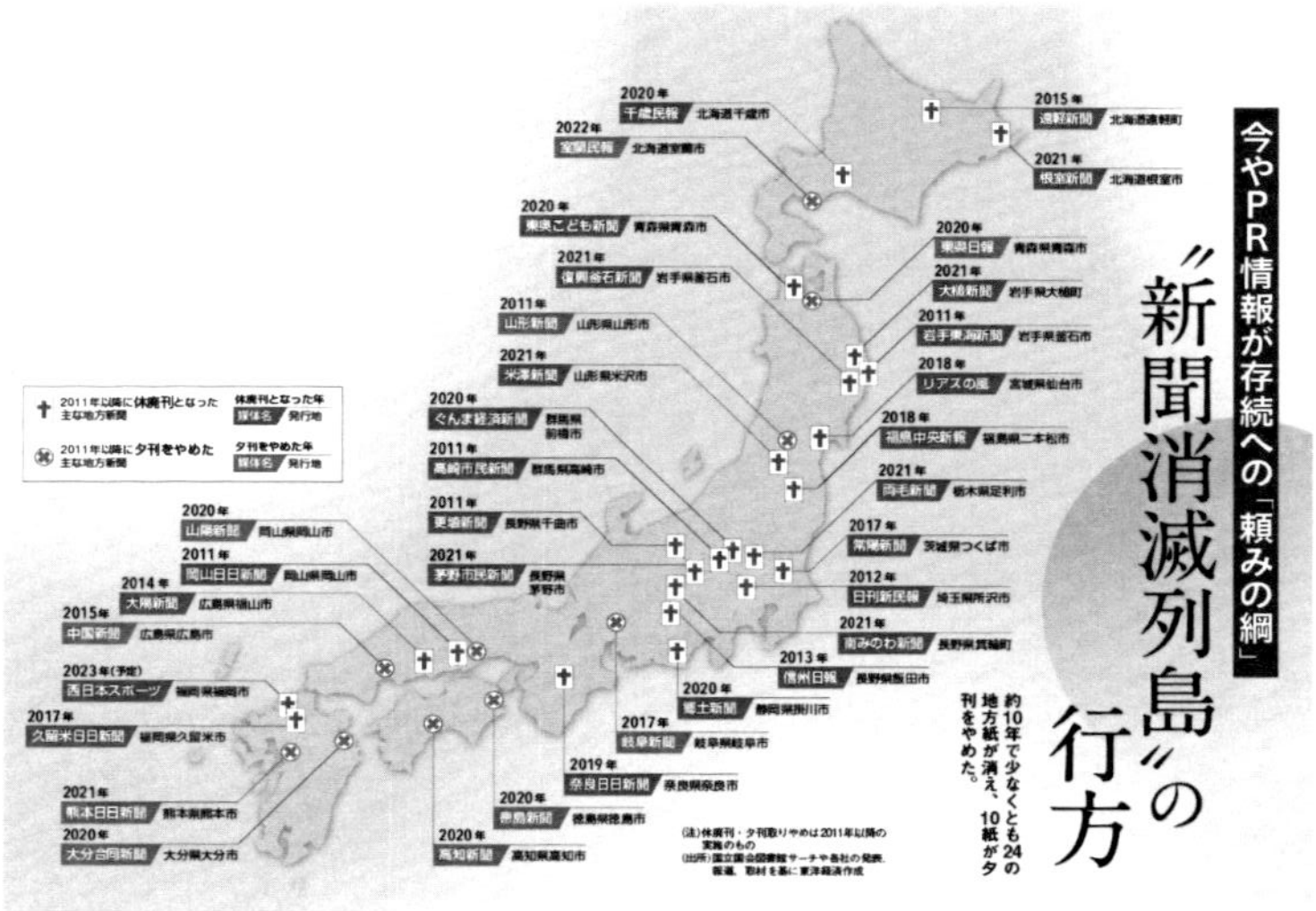
今やPR情報が存続への「頼みの綱」
〝新聞消滅列島〟の行方
約10年で少なくとも24の地方紙が消え、10紙が夕刊をやめた。
2011年以降に休廃刊となった主な地方新聞
休廃刊となった年
媒体名 発行地
2011年以降に夕刊をやめた主な地方新聞
夕刊をやめた年
媒体名 発行地
2015年 遠軽新聞 北海道遠軽町
2021年 根室新聞 北海道根室市
2020年 千歳民報 北海道千歳市
2022年 室蘭民報 北海道室蘭市
2020年 東奥日報 青森県青森市
2020年 東奥こども新聞 青森県青森市
2021年 大槌新聞 岩手県大槌町
2021年 復興釜石新聞 岩手県釜石市
2011年 岩手東海新聞 岩手県釜石市
2018年 リアスの風 宮城県仙台市
2011年 山形新聞 山形県山形市
2021年 米澤新聞 山形県米沢市
2018年 福島中央新報 福島県二本松市
2021年 両毛新聞 栃木県足利市
2020年 ぐんま経済新聞 群馬県前橋市
2011年 高崎市民新聞 群馬県高崎市
2017年 常陽新聞 茨城県つくば市
2012年 日刊新民報 埼玉県所沢市
2011年 更埴新聞 長野県千曲市
2021年 茅野市民新聞 長野県茅野市
2021年 南みのわ新聞 長野県箕輪町
2013年 信州日報 長野県飯田市
2020年 郷土新聞 静岡県掛川市
2017年 岐阜新聞 岐阜県岐阜市
2019年 奈良日日新聞 奈良県奈良市
2020年 徳島新聞 徳島県徳島市
2020年 高知新聞 高知県高知市
2020年 山陽新聞 岡山県岡山市
2011年 岡山日日新聞 岡山県岡山市
2014年 大陽新聞 広島県福山市
2015年 中国新聞 広島県広島市
2023年(予定) 西日本スポーツ 福岡県福岡市
2017年 久留米日日新聞 福岡県久留米市
2021年 熊本日日新聞 熊本県熊本市
2020年 大分合同新聞 大分県大分市
(注)休廃刊・夕刊取りやめは2011年以降の実施のもの
(出所)国立国会図書館サーチや各社の発表、報道、取材を基に東洋経済作成

新聞消滅列島・ニッポンの行く末を示唆するのが米国だ。米ノースウエスタン大学によれば、2005年から22年までに全米で2500もの新聞が失われた。米国民の5人に1人が、地域ニュースへのアクセスが非常に限られる〝ニュースの砂漠〟か、そうなるおそれのある地域に住んでいるという。新聞社に積極的な買収を仕掛け、買収後に編集部の人員を大幅に減少させるヘッジファンドも登場するなど、事態は混迷を極めている。

こうした状況下で、配信契約を結ぶメディアとの間でPV（閲覧数）単価などの問題をくすぶらせているIT大手から、報道機関に支援の手を差し伸べる動きも出てきた。18年、米グーグルは3億ドルを投じ、研修やビジネスモデル強化の面でニュースメディアを支援するプログラムを開始。米メタ（旧フェイスブック）も同規模の投資を発表済みだ。

日本では2021年、全国の地方紙とグーグルが協力し、新規事業の立ち上げを目指すプロジェクトを始動。ただ、あるメディア業界関係者は「メディア側のアイコニックな人材が続々とプラットフォーム側に引き抜かれ、途端にIT大手の代弁者になってしまった」と、いま一つパートナーとして信頼しきれない心中を明かす。

PR会社と手を組む新聞

そんな中、日本で地方新聞社との距離を急速に縮めているのが、国内最大手のPR会社ベクトルの傘下にして、プレスリリース配信サービスで急成長するPR TIMESだ。9月に京都新聞社と提携したことで、地域の情報流通を目的に同社と提携した地方メディアは19社となった。

その内容をのぞくと、PR TIMESは新聞社の取材・営業ネットワークを活用して、自社サービスを地域企業などに提案する。一方、新聞社は自社のネット媒体に地域企業などのプレスリリースを掲載して、コンテンツ力の向上に努めると同時に、PRサービスの開発など新規事業の創出でも協力を受けるケースが見られる。

こうした流れから読み取れるのは、PR会社が広告・PR事業を含む総合的なメディア企業として時流に沿って進化を遂げてきたのに対し、多くの地方新聞社が立ち遅れているという現実だ。

実際、ベクトルはPR事業の一環として動画などの制作力を強化し、SNSをはじめとする流通面での支援実績も蓄積。さらには、タクシーや美容室、喫煙室に広告サイネージを設置するなど、新たなメディアまで独自に構築した。その姿はある意味、現代メディアビジネスの鑑とも取れる。


一方、「既存のメディア企業は編集系から経営者が出てきてしまうので、ビジネスが得意ではない」と、あるPR会社の首脳はみる。オウンドメディアを支援するある企業には、「デジタルスキルの乏しい上の世代を見て絶望した若手の新聞記者が、今後のキャリアを見据えた修業として移籍してくる」（同企業関係者）。現場の報道人材もまた、レガシーメディアで働いていては現代のメディア人として置いていかれてしまう、という危機感を強めているのだ。

デジタル化で広がった可能性を着実につかみ、広告市場にまで氾濫する勢いのPR会社。対するマスメディアは、じりじりと弱体化し、新興のネットメディアもまた成長余地が乏しいという構図が露呈された。新聞社からネットメディアに転じ、現在はフリーのノンフィクションライターとして活動する石戸諭氏は「（今後に向け）マスメディアはリソースを減らしている場合ではないし、むしろ増やさないとメディアの世界はどうしようもない」と警鐘を鳴らす。

地道に力をつけてきたPR会社と手を組むのは一手かもしれないが、それで「メディア企業」としての価値を守れるか。メディア企業には、自分たちが業界のビジネスをリードするという覚悟が問われている。報道機関の持続性がPR会社に依存するようであれば、報道は氾濫するPRにのみ込まれたも同然だろう。

（森田宗一郎）

【週刊東洋経済】

本書は、東洋経済新報社『週刊東洋経済』2022年11月19日号より抜粋、加筆修正のうえ制作しています。この記事が完全収録された底本をはじめ、雑誌バックナンバーは小社ホームページからもお求めいただけます。

小社では、『週刊東洋経済eビジネス新書』シリーズをはじめ、このほかにも多数の電子書籍ラインナップをそろえております。ぜひストアにて「東洋経済」で検索してみてください。

『週刊東洋経済eビジネス新書』シリーズ

No.416　M&Aマフィア
No.417　工場が消える
No.418　経済超入門 2022
No.419　東証　沈没

No.420 テクノロジーの未来地図
No.421 年金の新常識
No.422 先を知るための読書案内
No.423 欧州動乱史
No.424 物流ドライバーが消える日
No.425 エネルギー戦争
No.426 瀬戸際の地銀
No.427 不動産争奪戦
No.428 インフレ時代の資産運用&防衛術
No.429 人口減サバイバル
No.430 自衛隊は日本を守れるか
No.431 教員不足の深層
No.432 ニッポンのSDGs&ESG
No.433 独走トヨタ 迫る試練

No.434　変わる相続・贈与の節税
No.435　東芝の末路
No.436　食糧危機は終わらない
No.437　ゼネコン　両利きの経営
No.438　すごいベンチャー2022〔前編〕
No.439　すごいベンチャー2022〔後編〕
No.440　宗教　カネと政治
No.441　岐路に立つ鉄道
No.442　学び直し全ガイド
No.443　米中　大動乱
No.444　高揚するコンサル　したたかな弁護士
No.445　半導体　復活の足音

週刊東洋経済eビジネス新書　No.446
氾濫するPR

【本誌（底本）】
編集局　長瀧菜摘、森田宗一郎
デザイン　藤本麻衣、熊谷直美
進行管理　三隅多香子
発行日　2022年11月19日

【電子版】
編集制作　塚田由紀夫、長谷川　隆
デザイン　市川和代
制作協力　丸井工文社
発行日　2024年2月15日　Ver.1

発行所　〒103-8345
東京都中央区日本橋本石町1-2-1
東洋経済新報社
電話　東洋経済カスタマーセンター
03（6386）1040
https://toyokeizai.net/
発行人　田北浩章

電子書籍化に際しては、仕様上の都合などにより適宜編集を加えています。登場人物に関する情報、価格、為替レートなどは、特に記載のない限り底本編集当時のものです。一部の漢字を簡易慣用字体やかなで表記している場合があります。本書は縦書きでレイアウトしています。ご覧になる機種により表示に差が生じることがあります。

※本刊行物は、電子書籍版に基づいてプリントオンデマンド版として作成されたものです。